ENTRETIENS AVEC DES ÉCRIVAINS LÉGENDAIRES DE L'AU-DELÀ

Cathy McGough

Stratford Living Publishing

Ce que disent les lecteurs...

"Lis ce livre et, ce faisant, ajoute une autre dimension à ton plaisir et aux œuvres de ces grands auteurs. Grâce à des recherches minutieuses, et à une certaine dose d'imagination, Cathy McGough leur donne vie. Après avoir lu ce livre, le lecteur aura toujours l'impression d'être en contact avec les mots de son écrivain préféré. Il ne se contentera pas de lire son œuvre, mais profitera de cette dimension supplémentaire : le sentiment d'être lu."

A. R. (David) Lewis, Auteur de : "L'arbre aux tasses et aux soucoupes" et "Un champ de coquelicots rouges".

"J'ai grandi en appréciant les écrits sincères de ces poètes et auteurs ! J'ai souvent souhaité apprendre à les connaître en tant que personnes à l'extérieur de leurs mots sur le papier. Cathy McGough a fait en sorte que cela se produise !"

"J'ai adoré le format de l'interview, et les bribes de la vie des poètes et des auteurs dont je n'avais jamais entendu parler. J'ai adoré les morceaux intérimaires amusants avec Madame Delatour et la narratrice. Même si j'avais déjà rencontré et lu presque tous les auteurs/poètes de ce livre, j'ai appris quelque chose de nouveau ou d'amusant sur chacun d'entre eux et j'en ai même trouvé un que j'ai ENVIE de lire !"

"Une collection charmante et engageante de biographies d'auteurs. Cathy McGough présente les plus grands avec l'aide de la médium, Madame Delatour. Chaque interview claque avec l'électricité d'une séance alors que les éthers s'ouvrent pour révéler un autre auteur qui revient pour une discussion amicale. Cathy capture l'essence des écrivains, faisant ressortir leurs forces et leurs faiblesses. Chaque entité est manifestement familière et chère à son cœur. Ce livre est à lire absolument pour découvrir des auteurs célèbres d'une manière mémorable ou tout simplement pour les célébrer."
Jo Janoski, Auteur de : "Thé et Chocolats" et "Fidèle". Photographe, Janoski Studio Pittsburgh Photography

"L'auteur a fait un travail de recherche incroyable sur la vie et les écrits d'éminents poètes et écrivains et l'a présenté de manière intelligente en incluant des interviews fictives et une collection d'écrits captivante.

La présentation humoristique des anecdotes a capté mon imagination et mon attention du début à la fin."

"Un abécédaire délicieux pour tout lecteur désireux de connaître certains des plus grands écrivains de langue anglaise. Rempli de faits historiques minutieusement recherchés, la livraison humoristique et les anecdotes surprenantes m'ont fait tourner les pages. Une autre chose que j'ai vraiment appréciée, ce sont les descriptions physiques de l'auteur. De l'humour de Stephen Leacock à l'inspiration de Rudyard Kipling, ce livre a été une fabuleuse lecture."

"Un mélange d'histoire et de littérature. Le style unique de Cathy McGough capte votre imagination. Elle t'emmène au royaume des plus grands auteurs que le monde ait connus. C'est une aventure que tu n'oublieras pas."
Walter L. Jones, propriétaire de Jones Outlet

"Un excellent travail pour transformer les biographies de noms littéraires emblématiques en une collection intéressante et incroyable. C'est une lecture amusante qui a capté mon imagination et maintenu mon attention jusqu'au bout. Recommandé à tous les rats de bibliothèque !"

"Beaucoup de travail acharné a été réalisé dans ce livre. J'ai particulièrement apprécié l'interview d'Edgar Allan Poe. Cela serait utile aux lycéens pour les aider à connaître les géants du monde littéraire."

"Je suis poète, j'ai donc apprécié que Mme McGough accorde une place aussi importante aux poètes dans ce livre qui utilise l'humour pour mettre en valeur ces "écrivains légendaires"."

"Un livre à lire absolument pour tous ceux qui sont d'authentiques amoureux de la littérature !"

Table des matières

De l'auteur

"Ce livre fera de toi un voyageur".
John Bunyan.
The Pilgrim's Progress

Chers lecteurs ,

Je voudrais profiter de cette occasion pour remercier personnellement deux de mes professeurs de lycée préférés. Il s'agit de M. Mavor et de M. Hurley. Tous deux enseignent à la Central Secondary High School, à Stratford, en Ontario, au Canada. À eux deux, ils m'ont fait découvrir les écrits de nombreux écrivains que j'ai interviewés pour mon livre.

Je m'en voudrais de ne pas remercier également le Festival de Stratford. Avoir la possibilité de voir du THÉÂTRE VIVANT sur le pas de ma porte pendant toute ma vie a été un privilège et un honneur.

J'espère que tu prendras autant de plaisir à lire mes interviews que j'en ai eu à les écrire !

Bonne lecture !

Cathy McGough

Ton intervieweuse des écrivains légendaires de l'au-delà

Avant-Propos

Écrit par :
Christopher Ingham M Ed., B Ed., TSTC

**Chef du département d'anglais au Hamilton and
Alexandra College,
Victoria, Australie,
et poète à ses heures perdues. poète à ses
heures perdues.**

Il est triste de constater que les écrits contemporains sur la littérature sont rarement accompagnés de textes critiques ou biographiques qui reflètent la joie illimitée que ceux d'entre nous qui ont eu la chance d'être adolescents dans les années 1960 ont éprouvée en découvrant pour la première fois des écrivains de la trempe de Dickens, Wilkie Collins, Dostoïevski, Coleridge et Poe.

À l'exception peut-être de Harold Bloom, tant d'écrits sur ce que ceux d'entre nous qui sont politiquement incorrects aiment appeler la "grande littérature" semblent reposer sur des bases idéologiques.

On soupçonne les critiques modernes d'être tellement prisonniers des exigences de l'orthodoxie académique actuelle qu'ils ont perdu la capacité de se délecter des œuvres des "écrivains légendaires" ou qu'ils ont trop peur de se laisser immerger dans les mondes imaginatifs créés par ces écrivains. De même, il semblerait que les biographes ressentent également le besoin de placer la vie de ces écrivains dans une sorte de contexte idéologique censé informer leur écriture, à tel point que le pouvoir imaginatif de leur art est souvent dévalorisé.

Devenue si cynique sur la nature des réponses critiques et biographiques contemporaines aux "écrivains légendaires", en particulier ceux du 19e siècle, j'ai été agréablement surprise lorsque je suis tombée sur l'ouvrage au titre fascinant de Cathy McGough, "Interviews With Legendary Writers from Beyond."

Voici enfin une écrivaine qui n'a pas peur de partager son plaisir pour la vie et les œuvres de ceux qui lui ont si manifestement procuré du plaisir tout au long de sa vie de lectrice. J'ai commencé par et la compréhension de chacun de ses sujets que j'ai lu le livre d'un bout à l'autre en un peu plus d'une seule séance.

Bien que ce livre comporte de nombreux aspects merveilleux, je dois en commenter trois qui se démarquent. Tout d'abord, la technique consistant à utiliser Madame Delatour, une médium, comme moyen de donner vie à ces écrivains fonctionne extrêmement bien et, compte tenu de l'intérêt des Victoriens pour le spiritisme, cette technique ajoute une autre dimension à l'ouvrage.

Deuxièmement, l'interaction imaginative de Cathy avec les écrivains dans des parties du monde qui sont réelles et importantes pour elle, contribue à créer un sentiment d'immédiateté qui est crucial pour donner vie à ces figures du passé.

Troisièmement, et c'est le plus important, en encourageant les écrivains non seulement à parler d'eux-mêmes et de leurs écrits, mais aussi à lire et à présenter des extraits de leurs œuvres, Cathy a trouvé un moyen de faire découvrir à ses lecteurs des œuvres de chaque écrivain qu'ils ne connaissaient peut-être pas. En outre, le fait qu'elle fournisse une liste de ses œuvres préférées de chaque écrivain devrait encourager le lecteur à explorer certaines de ces œuvres.

Je pense que ce livre sera une référence très précieuse non seulement pour les enseignants et les étudiants, mais aussi pour les lecteurs qui sont passés à côté des œuvres de ces "écrivains légendaires" dans le passé et qui peuvent maintenant être encouragés à partager le plaisir et l'enthousiasme de Cathy pour le génie créatif de ces écrivains extraordinaires. Je ne manquerai pas de recommander ce livre à mes élèves de 11e et 12e année en littérature.

Je ne peux pas terminer cet avant-propos sans exhorter Cathy à développer et à étendre ce livre en interviewant des écrivains tels que Thomas Hardy, D. H. Lawrence, les sœurs Bronte et Jane Austen. Bien sûr, une rencontre entre Robert Browning, qui était si sceptique à l'égard du spiritisme qu'il a écrit ce merveilleux poème Mr. Sludge, serait encore plus fascinante,

"Le médium". Une rencontre entre Browning, Cathy et Madame Delatour serait fascinante.

APPRENDS À CONNAÎTRE TON MÉDIUM

OMME NOUS NOUS LANÇONS ensemble dans cette aventure, il est tout à fait approprié pour nous d'inclure une interview de la personne qui a contribué à rendre ce livre possible : mon amie Madame Delatour.

Tu te demanderas peut-être pourquoi tu n'as pas vu Madame Delatour auparavant, et tu te demanderas peut-être pourquoi nous n'avons pas saisi l'occasion qui nous est offerte à travers ce livre en incluant une photographie d'elle.

Hélas, ce n'est pas possible. Car le "don" de Madame Delatour fait qu'elle n'est pas photogénique. En fait, elle risque de perdre tout ou partie de ses pouvoirs si quelqu'un la flashe. Par conséquent, veuillez tenir vos appareils photo à l'écart en sa présence, mesdames et messieurs.

Et en parlant de messieurs, beaucoup de ceux qui ont lu une partie de ce livre sous forme de chronique (sans parler d'au moins un de nos écrivains légendaires de l'au-delà) ont demandé - si notre Madame Delatour est mariée ou attachée de quelque façon que ce soit. Je t'assure qu'elle est célibataire.

Madame Delatour est née le 31 décembre 1950 à Paris, en France. Elle n'a jamais été mariée et cherche un partenaire qui ne sera pas jaloux de ses capacités particulières. Elle a un faible pour les hommes à l'accent écossais (comme tu pourras le constater par toi-même lors de notre rencontre avec Robbie Burns.) Si tu souhaites correspondre avec Madame Delatour, merci de le faire par l'intermédiaire de notre Éditeur. Joins une photo de toi, ainsi qu'une copie certifiée de ton patrimoine. Madame Delatour ne répondra qu'aux messieurs qui ont "ce qu'il faut".

Tout d'abord, je dois noter que Madame Delatour et moi avons eu des mots concernant le lieu de notre entretien. J'ai suggéré mon humble demeure puisqu'elle était assez bien pour Shelley, Coleridge, Longfellow et d'autres, mais elle a trouvé mon idée grotesque. Elle voulait être choyée, j'ai donc décidé de faire des folies !

En ce moment même, nous tournons autour de la ville de Sydney, en Australie, et nous nous détendons dans son restaurant chic et élégant (pour ne pas dire cher) appelé "Centrepoint", qui porte bien son nom en raison de son emplacement.

Madame Delatour est habillée comme il se doit pour l'occasion. Elle porte une robe de soirée en lamé or avec des centaines, voire des milliers de paillettes en forme de boules à facettes, ainsi qu'une paire de chaussures en cuir verni noir avec des talons de trois pouces. Elle porte de grandes boucles d'oreilles en or et plusieurs bracelets à chaque poignet. Madame Delatour me domine, car je ne mesure qu'un mètre quatre-vingt-dix, alors qu'elle mesure un mètre quatre-vingt-dix pieds nus.

Alors que nous marchons vers notre table, il n'est pas surprenant que tout le monde se retourne pour nous regarder. Les boucles d'oreilles et les bracelets de Madame Delatour font leur musique habituelle au rythme de nos pas tandis que nous sommes escortés jusqu'à notre table. Nous prenons place assez rapidement et soupirons à l'unisson en regardant Sydney dans toute sa gloire nocturne.

Les lumières scintillent à perte de vue et tout autour de nous, les étoiles se joignent à nous, semblant rivaliser avec les lumières de la terre pour savoir lesquelles sont les plus brillantes. Madame Delatour (ou Blanchetta, comme nous l'appellerons dorénavant) commande non pas un, mais deux Mai Tai, tous deux pour sa propre consommation. Je commande un Black Russian et notre entretien commence.

Q : Blanchetta, comment as-tu découvert ton "don" unique ?

R : Je l'ai découvert à l'âge de quatre ans. Mon grand-père m'avait acheté un tricycle et il avait l'habitude de me pousser pendant que je roulais dessus, et ensemble nous riions et jouions. C'était un moment très spécial et je l'aimais beaucoup. Chaque fois que je faisais sonner la cloche dorée qu'il avait fixée au guidon, il s'écriait : "Attention tout le monde, Etta arrive !". Etta était le nom qu'il m'avait donné.

Peu après la fête de mon quatrième anniversaire, mon grand-père est mort. Après cela, j'ai refusé de m'approcher de mon tricycle. Mes parents ont tout essayé pour m'encourager à faire du vélo, puisqu'ils savaient que je l'avais tant aimé, mais je ne pouvais pas. Je ne voulais pas. (Même quand j'étais petite, j'avais beaucoup de volonté et j'étais têtue quand ça m'arrangeait). Dans ce cas, sans mon grand-père, le tricycle a perdu toute sa raison d'être.

Un après-midi, j'étais dans le jardin et il s'est mis à cracher. Je ne voulais pas rentrer à l'intérieur. Mon tricycle était assis dans la cour et il avait l'air solitaire sans moi. Je ne voulais pas qu'il soit mouillé. J'avais peur que la pluie blesse la cloche. Je savais que mon grand-père n'approuverait pas ma négligence.

J'ai donc commencé à la pousser, et bientôt les larmes ont commencé à couler sur mon visage. Mon grand-père me manquait et j'avais hâte de l'entendre prononcer mon nom. Plus personne ne m'appelait "Etta". C'était comme si une partie de moi était morte avec lui.

Grand-père prenait toujours du temps pour moi et sans lui, je me sentais seule. J'ai levé les yeux au ciel et j'ai sonné la cloche avec défi. Je l'ai sonnée et sonnée encore tandis que les larmes coulaient sur mon visage. Les gouttes de pluie se sont jointes à elles, comme si elles savaient à quel point ma vie était solitaire et misérable sans lui.

Soudain, ses mains se sont posées sur mes épaules et il a dit : "Attention tout le monde, Etta arrive !" et je sonnais la cloche et il me poussait, et nous riions et jouions, et la pluie tombait de plus en plus fort.

Blanchetta a sorti un mouchoir en papier de son sac à main et a délicatement tapoté les larmes de ses yeux. Elle se moucha comme un tuba, si fort que tout le monde tourna la tête vers nous et nous regarda fixement. J'ai parcouru la pièce, luttant contre les larmes tout en tapotant la main de Blanchetta. Elle était inconsolable ; j'ai donc commandé un autre Mai Tai. Blanchetta l'a jeté et a continué son histoire.

J'ai su alors que j'avais un don particulier. Mais j'avais peur de ce qui se passerait si je le disais à quelqu'un, alors j'ai gardé le secret.

Q : As-tu déjà utilisé ton "don" pour t'aider à faire tes devoirs et tes examens ?

R : Oui, je dois admettre que je l'ai fait. Ma première expérience de lecture d'une pièce de William Shakespeare a eu lieu à l'école. Notre professeur avait choisi la pièce "As You Like It" et je n'arrivais pas à la comprendre. Je ne saurai jamais pourquoi notre programme d'études comprenait une pièce aussi difficile.

J'ai donc contacté le "Barde" lui-même pour qu'il devienne mon tuteur personnel. Je lui ai fait part de mes difficultés à comprendre "As You Like It" - et M. Shakespeare est devenu Jacques, récitant son soliloque avec passion. Je le vois encore devant moi aujourd'hui :

AS YOU LIKE IT
Acte II, scène VII
Le monde entier est une scène,
Et tous les hommes et les femmes ne sont que des acteurs ;
Ils ont leurs sorties et leurs entrées,
Et un homme en son temps joue plusieurs rôles,
Ses actes sont sept âges. Au début, le nourrisson,
qui pleurniche et vomit dans les bras de l'infirmière.
Puis l'écolier pleurnichard, avec son cartable
Et son visage brillant du matin, rampant comme un escargot
Pour aller à l'école sans le vouloir. Et puis l'amoureux,
Soupirant comme une fournaise, avec une ballade malheureuse
Fait au sourcil de sa maîtresse. Puis un soldat,
Plein de serments étranges et barbu comme le père

Jaloux de l'honneur, soudain et rapide dans la querelle,

Cherchant la réputation de la bulle

Même dans la bouche du chanoine. Et puis la justice,

En beau ventre rond avec un bon chapon doublé,

Avec des yeux sévères et une barbe bien taillée,

Plein de sages scies et d'instances modernes ;

Et c'est ainsi qu'il joue son rôle. Le sixième âge se transforme

Dans le pantalon maigre et glissant

Avec des lunettes sur le nez et une pochette sur le côté ;

Son tuyau de jeunesse, bien sauvé, un monde trop large

Pour son jarret rétréci et sa grosse voix virile,

S'oriente à nouveau vers les aigus enfantins, les tuyaux

Et des sifflets dans son son. Dernière scène de toutes,

Qui met fin à cette étrange histoire mouvementée,

Est une seconde puérilité et un simple oubli,

Sans dents, sans yeux, sans goût, sans tout. (1)

Le soliloque de Madame Delatour a suscité une ovation de la part de la foule. En descendant du plateau de la table, elle s'est inclinée devant son public. Le serveur est arrivé avec une bouteille de Dom Pérignon et a fait sauter le bouchon alors que les applaudissements continuaient. Madame Delatour et moi avons levé nos verres en remerciement du cadeau offert par un ami restaurateur et l'entretien s'est poursuivi.

Après que M. Shakespeare a terminé sa récitation, je l'ai eu ! En plus d'être un dramaturge et un poète à succès, M. Shakespeare avait aussi des talents cachés de comédien. Il m'a imploré de voir son travail en direct - chaque fois que possible - afin de l'apprécier pleinement.

Je lui ai expliqué que ses œuvres étaient toujours jouées en direct dans le monde entier. Il a semblé satisfait de sa longévité, puis j'ai mentionné les débats qui ont eu lieu au fil des ans concernant la paternité de ses œuvres. Il n'a pas semblé surpris par certaines des fausses allégations, mais il a été vraiment stupéfait lorsque j'ai révélé la supposition que sa chère femme Anne Hathaway les avait écrites.

Outre M. Shakespeare, j'ai rencontré et parlé avec Albert Einstein, Alexander Graham Bell, Mahatma Gandhi, Winston Churchill et d'innombrables autres personnes. Au fil du temps, j'ai compris, à force de planification et de concentration, que je pouvais garder mes invités un peu plus longtemps à chaque contact que j'établissais. Aujourd'hui, la durée maximale pendant laquelle je peux garder un invité est de trente minutes.

Q : Es-tu jamais tombée amoureuse de l'une des personnes que tu as contactées ?

R : Un matin de 1972, je me suis réveillée et Jim Morrison, cet homme magnifique qui était le chanteur du groupe "The Doors", était dans mon lit à côté de moi ! Oui, c'est vrai !

Il était allongé là, nu de la taille jusqu'en haut (et je n'étais pas sûre de l'état dans lequel il se trouvait sous les couvertures !) Il fixait le plafond, ses deux bras berçant sa tête et chantant "Riders in the storm, riders in the storm, into this world we're born, into this world we're thrown, like a dog without a bone, an actor without a home, riders on the storm." (2)

Au début, j'étais trop choquée pour dire quoi que ce soit. J'ai modestement remonté les couvertures tout autour de mon cou en rougissant furieusement.

Jim a roulé sur le côté, s'est appuyé sur son coude et a arrêté de chanter au milieu de sa phrase. Il m'a regardée profondément dans les yeux. Mon cœur a palpité comme un oiseau en cage. Il a dit : "Je crois que tu as une ou deux questions à me poser ?"

Je me suis creusé la tête pour trouver quelque chose à dire, mais mon esprit était vide. J'ai lâché quelque chose, quelque chose qui n'avait absolument aucun sens, et il a rapidement jeté les couvertures et s'est levé (il portait un pantalon noir, Dieu merci !).

Il a commencé à sauter sur mon lit en chantant "Hello, I love you won't you tell me your name, Hello I love you let me jump on your game." (3)

J'ai cru que le toit allait s'effondrer (sans parler de mon lit !) J'ai entendu ma mère et mon père crier en bas "Arret Arret ! Blanchetta Arret !"

Jim continuait à chanter et à sauter, comme un enfant sur un trampoline. Je riais aux éclats et je pleurais en même temps. Je suis restée figée comme une biche prise dans des phares quand j'ai entendu ma mère et mon père monter les escaliers. Une fois qu'ils ont atteint ma porte, les coups ont commencé. (Heureusement, je fermais toujours la porte de ma chambre à clé la nuit).

Jim m'a fait un signe de la main, a sauté aussi haut qu'il pouvait sauter et a disparu dans le plafond. Je n'ai jamais oublié notre rencontre et je l'aime depuis. Je regarde souvent des rediffusions de son passage au "Ed Sullivan Show" et mon cœur s'emballe à nouveau. C'est ce qu'il y a de pire dans mon "don".

Q : Tu veux dire qu'une fois que tu as ramené quelqu'un sur terre, tu ne peux plus jamais entrer en contact avec lui ?

R : Parfois, lorsque je passe d'une période à l'autre, les gens de l'autre côté essaient d'attirer mon attention. Imaginez que vous tourbillonnez à travers les âges et que diverses personnes décédées, parfois maléfiques, parfois bonnes et presque toujours très célèbres, s'agrippent à vous, essayant de s'accrocher à votre queue de pie. Ils essaient de te forcer à les emmener avec toi pour qu'ils aient l'occasion de revenir dans cette vie - même si ce n'est que pour quelques minutes.

Q : Parfois maléfique ? Explique-toi !

R : Je frémis en pensant à la fois où Jack l'Éventreur s'est emparé de moi et a essayé de se frayer un chemin à travers le portail temporel vers le présent. J'étais en train d'organiser un rendez-vous pour une interview avec Lord Tennyson, lorsque Jack m'a interrompu si brutalement et a essayé de saboter le processus. J'ai dû rompre le contact avec M. Tennyson et me battre pour empêcher Jack de prendre le contrôle. Il était plus fort que je ne l'aurais jamais imaginé. Il m'a fallu tout ce que je possédais pour le repousser.

J'ai repensé à ce jour où Madame Delatour s'est évanouie. Seuls des sels odorants l'ont ramenée à nous. Quand elle est revenue à elle, elle tremblait de la tête aux pieds. Deux grands Chivas Regal - neat l'ont aidée à se calmer. Après un peu d'automédication, elle a insisté pour essayer de contacter à nouveau Lord Tennyson.

J'ai protesté, disant que nous devrions attendre qu'elle ait largement le temps de se remettre, mais Blanchetta s'est exclamée : "Jack l'Éventreur a causé assez de panique à son époque pour durer toute une vie et il ne terrorisera pas l'avenir." L'entretien avec Lord Tennyson s'est déroulé sans encombre.

Q : Un poète semble vous parler assez fréquemment : Lord Byron. A-t-il été en contact dernièrement ?

R : Oh oui, mon oui. Si je n'ai personne à contacter, c'est lui qui me contacte. Il attend votre interview avec impatience. Il a beaucoup de choses à dire et comprend que nous devons classer les interviews par ordre de priorité en fonction des demandes. Il est très dragueur et se révélera être un sujet intéressant.

Q : Voudrais-tu raconter à tout le monde comment nous avons rencontré Blanchetta ?

R : Vous étiez en France, à la Tour Eiffel. C'était en 1996. Tu étais en voyage pour redécouvrir ta muse. J'essayais d'échapper à mon "don". Nous nous sommes rencontrés à la Tour Eiffel et nous avons parlé pendant un bon moment. J'ai essayé de t'aider en citant un poème de Charles Baudelaire :

Rien n'existe sans but.
Par conséquent, mon existence a un but. Quel but ?
Je n'en sais rien.
Ce n'est donc pas moi qui le lui ai assigné.
C'est donc quelqu'un de plus savant que moi.
Par conséquent, je dois prier pour que ce quelqu'un m'éclaire.
C'est la résolution la plus sage. (4)

Pendant que je parlais, Charles Baudelaire est apparu. Après cela, toi et moi sommes devenus amis.

Nous nous sommes écrit, parlant toujours de poésie, d'écrivains et de littérature.

À la fin, nous avons décidé d'inviter le monde à partager nos Entretiens avec des écrivains légendaires de l'au-delà. C'est ainsi qu'est née l'idée de ce livre.

À ce moment-là, notre nourriture est arrivée et notre entretien s'est donc terminé abruptement. J'espère néanmoins que tu as apprécié de rencontrer Madame Delatour.

Bon appétit !

Cathy McGough

Ton intervieweuse des écrivains légendaires de l'au-delà

LORD TENNYSON ET MOI

Ce chapitre est dédié à ma chère grand-mère qui m'a fait découvrir la poésie de Tennyson.

Bonjour à tous ! Aujourd'hui, nous allons avoir l'honneur de recevoir la visite de notre invité très spécial Alfred, Lord Tennyson qui va bientôt nous rejoindre !

Lord Tennyson est né en 1809 et a vécu jusqu'en 1892. À l'âge tendre de trente-trois ans, il était aussi célèbre qu'une rock star ou un acteur de cinéma l'est aujourd'hui. Il recevait des lettres de femmes du monde entier, jeunes et moins jeunes - des femmes qui étaient éprises de sa maîtrise de la langue anglaise (sans parler de sa belle apparence.)

Mais les femmes n'étaient pas les seules à aimer les œuvres de Lord Tennyson. Imagine de jeunes soldats, récitant ce poème, alors qu'ils sont menés au combat:

LA CHARGE DE LA BRIGADE LÉGÈRE
Une demi-lieue, une demi-lieue,
Une demi-lieue plus loin,
Dans la vallée de la mort
Rodez les six cents.
En avant, la brigade légère !
Chargez les canons !" dit-il :
Dans la vallée de la mort
Rodez les six cents.
En avant, la brigade légère !
Y a-t-il eu un homme consterné ?
Non, même si le soldat savait
Que quelqu'un s'est trompé :
Ils n'ont pas à répondre,
Ils n'ont pas à répondre, ils n'ont pas à expliquer pourquoi,
Ils n'ont qu'à faire et à mourir :
Dans la vallée de la mort
Les six cents hommes s'élancent.
Le canon à leur droite,
Le canon à leur gauche,
Les canons devant eux
Volée et tonnerre
Ils ont été pris d'assaut par les tirs et les obus

Ils ont hardiment chevauché et bien chevauché,
Dans les mâchoires de la mort,
Dans la bouche de l'enfer
Les six cents ont chevauché.
Tous leurs sabres étaient à nu,
Ils s'élançaient en tournant dans les airs,
Sabrant les artilleurs,
Chargeant une armée, tandis que
Le monde entier s'étonne :
Plongés dans la fumée de la batterie
Ils ont percé la ligne de front ;
Cosaques et Russes
Reculent sous les coups de sabre
Ils se sont brisés, ils se sont séparés.
Puis ils sont repartis, mais pas,
Pas les six cents.
Les canons à leur droite,
Les canons à leur gauche,
Les canons derrière eux
Volley et tonnerre ;
Ils ont été pris d'assaut par les tirs et les obus,
Tandis que chevaux et héros tombaient,
Ceux qui s'étaient si bien battus
Sont sortis des mâchoires de la mort
Revenus de la bouche de l'enfer,
Tout ce qu'il restait d'eux,
Tout ce qu'il restait de six cents.
Quand leur gloire s'éteindra-t-elle ?
O la charge sauvage qu'ils ont faite !

Le monde entier s'est émerveillé.
Honorez la charge qu'ils ont faite !
Honorez la brigade légère,
Noble six cents ! (1)

Si tu as encore des doutes sur la puissance de l'écriture de Lord Tennyson, approche-toi et je vais te raconter une histoire que tu n'oublieras jamais !

Imagine : Un capitaine de l'armée britannique range à la hâte un exemplaire des poèmes de Lord Tennyson dans la poche de poitrine de son uniforme, puis se précipite sur le champ de bataille où il est abattu. Il tombe sur le sol, s'agrippe à sa poitrine et attend la douleur. Rien ne se passe. Il fouille dans sa poche, sort le livre et découvre une balle logée dans sa couverture.

Serait-il faux de dire alors que les mots de Lord Tennyson ont sauvé la vie d'un homme ? Je ne pense pas que ce soit le cas !

Lord Tennyson vivait dans la forêt d'Epping, en Angleterre, et son moment préféré de la journée était tôt le matin, lorsqu'il se promenait en solitaire. J'espère qu'il ne verra pas d'inconvénient à ce que je me joigne à lui aujourd'hui pour nous promener autour de la superbe rivière Cooks.

Comme Lord Tennyson ne sera pas correctement habillé pour être vu en public à son arrivée, j'ai pris la liberté de lui acheter un survêtement à la boutique d'occasion de Saint-Vincent-de-Paul. J'ai également réussi à obtenir une paire de baskets Adidas et Nike ainsi qu'une paire de sandales Jésus "au cas où" dans notre magasin local de l'Armée du Salut.

À 7 heures précises, Madame Delatour s'est levée en agitant les bras tandis que ses robes flottaient et que ses boucles d'oreilles tintaient comme des carillons éoliens. Une fois qu'elle s'est remise de l'incident de hi-jacking mentionné plus haut (re : Jack l'Éventreur), elle n'a pas tardé à contacter Lord Tennyson. J'attendais anxieusement qu'il se matérialise - toujours fascinée par le processus - et je me suis mise à la recherche de Lord Tennyson.

Et voilà que Lord Tennyson - qui est peut-être le plus grand poète lyrique qui ait jamais vécu - se tenait devant moi.

Il était grand et je comprenais pourquoi on l'avait comparé à Hercule et à Apollon. (2) Ses yeux étaient chauds, de l'ombre d'une noix. Il avait un nez long et distingué et des cheveux épais et bouclés - que Dalila aurait adoré mettre la main dessus. Il était vêtu d'un long gilet noir, d'un pantalon noir, de bottes montantes et d'un cravate grise. Il avait une élégance calme qui me donnait envie de lui faire la révérence. Lorsque je lui ai tendu la main, il l'a baisée doucement, puis il a fait de même avec la main de Madame Delatour. Lord Tennyson était un vrai charmeur.

Je lui ai expliqué mon idée - le rejoindre pour une promenade matinale - et lui ai demandé s'il accepterait de revêtir un costume approprié pour l'année 2002. Il a accepté avec enthousiasme.

Lorsqu'il nous a rejoints, la transformation était tout à fait étonnante. Lord Tennyson avait l'air plutôt élégant dans ses nouveaux habits. Il a fait des commentaires sur la douceur des tissus et a dit qu'il se sentait à l'aise dans sa nouvelle tenue. Le survêtement et les sandales Jésus lui allaient comme un charme.

J'ai poussé la télécommande d'ouverture de la porte de garage alors que nous descendions les escaliers et entrions dans notre garage sombre. Lord Tennyson s'est exclamé bruyamment "Les cieux bougent !" en voyant la porte se lever comme un rideau, nous invitant à explorer Sydney. Lorsque nous sommes arrivés au milieu du garage, Lord Tennyson a pris plusieurs minutes pour examiner notre Honda Legend, posant des questions sur son utilité. Je lui ai promis que si nous avions le temps, nous pourrions aller faire un tour.

Avant de sortir du garage, Lord Tennyson a fait une demande. Il voulait ouvrir et fermer la porte du garage à nouveau. Je l'ai laissé faire, mais une seule fois - après tout, il faisait partie de l'aristocratie - puis nous sommes partis.

Q : Tu as été l'ami de nombreux grands écrivains : Carlyle, Swinburne, Eliot et Emerson. Cite-moi un écrivain que tu n'as pas rencontré, mais que tu aurais aimé connaître ?

R : Je n'ai jamais rencontré Lord Byron. J'avais quinze ans lorsque la nouvelle de sa mort est venue, comme une terrible catastrophe, assombrir cette joyeuse matinée de ma vie. Sur un rocher près de la maison familiale dans le petit village de Somersby, je me souviens avoir gravé une épitaphe qui se lisait comme suit : "BYRON EST MORT". (3)

Q : J'ai entendu des histoires remarquables concernant votre travail, en particulier "In Memoriam" que vous avez écrit pour commémorer la mort de votre meilleur ami et collègue poète Arthur Hallam. Vous avez dû être heureux lorsque la reine Victoria l'a lu.

R : Oui, la reine Victoria a reçu un exemplaire de mon livre alors qu'elle était en plein chagrin suite à la perte du duc de Wellington. On me dit que ses larmes ont coulé sur de nombreuses lignes de mon travail pendant qu'elle lisait et que mes mots l'ont réconfortée. La petite dame de Windsor m'a fait un grand honneur en me nommant poète officiel. J'ai souri et j'ai fait remarquer : "Pourquoi serais-je égoïste et ne souffrirais-je pas qu'un honneur soit fait à la littérature en mon nom ?" (4)

À ce stade de notre promenade, nous approchions du parc pour enfants, et beaucoup couraient sur les tremplins glissants, se balançaient et grimpaient sur les gymnases de la jungle. Les parents surveillent et discutent. Lord Tennyson nous a demandé si nous pouvions nous arrêter pour regarder, et nous nous sommes donc installés sur un banc public.

Q : Quel est ton meilleur souvenir d'enfance ?

R : J'avais peut-être cinq ans, lorsque le vent anglais de mars balayait le jardin. Je me souviens d'avoir foncé tête baissée sur les éléments, en agitant les mains et en criant : "J'entends une voix qui parle dans la tempête !" C'était un sentiment de puissance que quelqu'un ou quelque chose tentait de communiquer avec moi. Je n'ai jamais ressenti une telle exaltation. (5)

Q : Je sais que la spiritualité a joué un très grand rôle dans ta vie. Peux-tu me dire ce que Jésus-Christ représente pour toi ?

R : Ce que le soleil est pour cette fleur, Jésus-Christ l'est pour moi. Je suis émerveillé par la splendeur de la pureté et de la sainteté du Christ, et par son infinie beauté. (6)

Q : Pourrais-je te convaincre de me réciter un poème?

R : Convaincre ? Ma chère dame, essayez de m'arrêter !

LE RUISSEAU
Je viens des huttes des foulques et des hernies,
Je fais un saut soudain,
Et j'étincelle parmi les fougères,
Pour me chamailler dans une vallée,
Par trente collines, je me hâte de descendre,
Ou je me glisse entre les crêtes,
Par vingt côtes, une petite ville,

Et une demi-centaine de ponts.

Jusqu'à ce qu'enfin, par la ferme de Phillip, je coule

Pour rejoindre la rivière débordante,

Car les hommes peuvent venir et les hommes peuvent partir,

Mais je continue pour toujours.

Je bavarde sur des chemins caillouteux,

En petits dièses et en aigus,

Je bouillonne dans les baies tourbillonnantes,

Je babille sur les galets.

J'ai fait de nombreuses courbes sur mes rives

Par bien des champs et des jachères,

Et bien des avant-pays féeriques

D'épilobe et de mauve.

J'aime bavarder, j'aime bavarder, j'aime bavarder, j'aime bavarder, j'aime bavarder

Pour rejoindre la rivière qui déborde,

Car les hommes peuvent venir et les hommes peuvent partir,

Mais moi, je continue pour toujours.

Je tourne en rond, j'entre et je sors,

Avec ici une fleur qui navigue,

Et ici et là, une truite vigoureuse,

Et ici et là un ombre.

Et ici et là un flocon de mousse

Sur moi, pendant que je voyage,

Avec beaucoup d'éclats d'eau argentés

Au-dessus du gravier doré,

Et je les attire tous le long, et je coule

Pour rejoindre la rivière débordante,
Car les hommes peuvent venir et les hommes peuvent partir,
Mais moi, je continue pour toujours.
Je vole le long des pelouses et des parcelles herbeuses,
Je me glisse sous le couvert des noisetiers ;
Je déplace les doux myosotis
Qui poussent pour les amoureux heureux.
Je glisse, je glisse, je sombre, je jette un coup d'œil,
Parmi mes hirondelles qui frôlent ;
Je fais danser le rayon de soleil en filet
Contre mes bas-fonds sablonneux.
Je murmure sous la lune et les étoiles
Dans les forêts de ronces ;
Je m'attarde près de mes barres rocheuses,
Je flâne autour de mes cressons ;
Et de nouveau je me courbe et je coule
Pour rejoindre la rivière qui déborde,
Car les hommes peuvent venir et les hommes peuvent partir,
Mais je continue pour toujours. (7)

Après la première strophe, une foule a commencé à se rassembler autour de nous. Les enfants ont cessé de jouer. Les parents ont cessé de se précipiter. Les mouettes et les galahs se sont tus. Le vent était essoufflé, tout comme les arbres. Lorsque Lord Tennyson a terminé son récital, personne n'a bougé. Le silence régnait. Un silence total et complet.

J'avais envie de crier "Encore ! Encore !", mais je savais que l'heure tournait. Nous leur avons fait nos adieux, puis nous avons continué notre voyage en traversant le pont. Nous nous sommes arrêtés pour contempler nos réflexions et j'ai posé la question suivante :

Q : Pourquoi penses-tu que "In Memoriam" a signifié tant de choses différentes pour tant de personnes différentes ?

R : Le poème était plus le cri de toute la race humaine que le mien. Si Dieu permet ce fort instinct et ce désir universel d'une autre vie, c'est sûrement dans une certaine mesure une présomption de sa vérité. Nous ne pouvons pas abandonner les puissants espoirs qui font de nous des hommes. Et pour ceux d'entre nous qui ont aimé et perdu, consolons-nous en pensant que rien ne marche sans but... aucune vie ne sera détruite, ni jetée comme un déchet dans le vide, lorsque Dieu aura complété la pile. Nous qui avons été abandonnés à nos chagrins, et dont la compréhension est celle d'un enfant qui tâtonne dans la nuit, nous ne devons jamais avoir honte de nous dire : Nous n'avons pas besoin de comprendre ; nous aimons. (8)

Q : Vous et votre femme Emily avez vécu quarante ans de mariage. Pouvez-vous me dire comment vous vous êtes rencontrés ?

R : C'était quatorze ans avant la publication de "In Memoriam" - alors que je faisais encore mon apprentissage de poète, lorsque j'ai assisté au mariage de mon frère Charles. Après la cérémonie, j'ai rencontré l'une des demoiselles d'honneur. Elle était délicate et gracieuse, et je lui ai murmuré timidement : "Oh, heureuse demoiselle d'honneur, fais de moi une heureuse mariée." Lorsque nous avons fêté notre 40e anniversaire, j'ai offert à ma fiancée un cadeau composé de romarin et de roses. Nous étions aussi heureux ce jour-là, que le jour de notre mariage. (9)

Q : Lord Tennyson, notre temps s'écoule rapidement, et j'aimerais vous poser une dernière question. Quel conseil aimeriez-vous donner aux poètes à l'avenir ?

R : Les mots du poète doivent remplir une triple fonction. Ils doivent fournir de la couleur à l'œil intérieur, de la musique à l'oreille intérieure et de l'espoir au cœur le plus intime. (10)

Je l'ai remercié pour son inspiration et pour avoir été mon compagnon de marche. Je lui ai proposé deux choix quant à la façon dont il souhaitait quitter l'année 2002. Voudrait-il se rhabiller ou faire un tour dans ma voiture ?

Il n'a pas hésité, nous sommes montés dans la voiture et, en peu de temps, nous nous sommes mis à rouler sur les chapeaux de roue avec U2 dans les haut-parleurs. Pendant que nous faisions le tour de notre quartier, Lord Tennyson saluait tous ceux que nous croisions, riant malicieusement lorsqu'ils nous répondaient.

Je ne peux pas jurer que c'est vrai, mais j'ai bien cru l'entendre chanter avec Bono lorsqu'il a repris le refrain de "It's a Beautiful Day, Don't Let It Get Away". (11) Nos regards se sont échangés, alors qu'il commençait à s'effacer. Il m'a fait un léger clin d'œil et a disparu.

Bientôt, je chantais U2 toute seule, en rentrant chez moi. Alors que la porte du garage s'ouvrait, j'ai récité le poème lyrique écrit vers la fin de la vie de Tennyson, qui, à sa demande, était toujours inclus à la fin de chaque publication. (12)

TRAVERSANT LE BAR
Coucher de soleil et étoile du soir,
Et un appel clair pour moi !
Et qu'il n'y ait pas de gémissement de la barre,
Quand je prendrai la mer,
Mais une marée aussi mouvante semble endormie,
Trop pleine pour le bruit et l'écume,
Quand ce qui a tiré des profondeurs sans limites
Retourne à la maison.
Crépuscule et cloche du soir,
Et après cela, l'obscurité !
Et qu'il n'y ait pas de tristesse d'adieu,
Quand je m'embarque ;
Car même si de notre bourbier de temps et de lieu
Le flot peut me porter loin,
J'espère voir mon pilote face à face

Quand j'aurai franchi la barre. (13)

Tu ne peux pas te tromper lorsque tu lis l'œuvre de Lord Tennyson, mais ces sélections reçoivent la plus haute recommandation de ma part :

Idylles du roi

Enoch Arden

Les mangeurs de lotus

La princesse

La Dame de l'échalote

Morte d'Arthur

Ulysse

Becket

Les Hespérides

Le rêve d'un jour

Le Palais des Arts

La reine Marie

Harold

La fille du meunier

Rien ne mourra

Le vieux sage

Les deux voix

Le progrès du printemps

Merlin et la lueur

La reine de mai

Maud et autres poèmes

Lucrèce

Ode sur la mort du duc de Wellington

Les deux voix

La promesse de mai

La Coupe.

Ta-ta jusqu'à la prochaine fois !

Cathy McGough
Ton intervieweuse des écrivains légendaires de l'au-delà

EDGAR ALLAN POE À L'HEURE DE LA SORCELLERIE

Bienvenue à tous. Si seulement tu pouvais voir à quoi ressemble mon balcon en ce moment. Il est éclairé à la bougie ! Quarante bougies pour être exact - pour célébrer chaque année de la vie de notre invité.

Oui ! Edgar Allan Poe se joindra à nous ce soir - à l'heure de la sorcellerie, qui approche à grands pas.

M. Poe est né le 19 janvier 1809. En attendant son arrivée, je vais lire à haute voix le poème qu'il a dédié à sa fiancée Virginia Clemm :

ANNABEL LEE
C'était il y a de nombreuses années,
Dans un royaume au bord de la mer,

Que vivait une jeune fille que vous connaissez peut-être
Sous le nom d'Annabel Lee ;
Et cette jeune fille vivait sans autre pensée
Que de m'aimer et d'être aimée par moi.
J'étais un enfant et elle était une enfant,
Dans ce royaume au bord de la mer,
Mais nous nous sommes aimés d'un amour qui était plus que de l'amour,
Moi et mon Annabel Lee
D'un amour que les séraphins ailés du ciel
Nous convoitaient, elle et moi.
Et c'est la raison pour laquelle, il y a bien longtemps,
Dans ce royaume au bord de la mer,
Un vent a soufflé d'un nuage, refroidissant
Ma belle Annabel Lee
De sorte que ses parents aînés sont venus
Et l'ont emmenée loin de moi,
Pour l'enfermer dans un sépulcre
Dans ce royaume au bord de la mer.
Les anges, qui ne sont pas si heureux au Paradis,
Nous envient, elle et moi
Oui ! C'était la raison (comme tous les hommes le savent,
Dans ce royaume au bord de la mer)
Que le vent est sorti du nuage la nuit,
Refroidissant et tuant mon Annabel Lee.
Mais notre amour était de loin plus fort que l'amour
De ceux qui étaient plus âgés que nous,

De beaucoup d'autres bien plus sages que nous ;

Et ni les anges au ciel, ni les démons sous la mer,

Ni les démons sous la mer,

Ne pourront jamais séparer mon âme de l'âme

De la belle Annabel Lee !

Car la lune ne brille jamais, sans m'apporter des rêves

De la belle Annabel Lee ;

Et ainsi, toute la nuit, je m'allonge aux côtés

De ma chérie - ma chérie - ma vie et ma fiancée,

Dans son sépulcre au bord de la mer,

Dans son tombeau au bord de la mer. (1)

L'idiot sentimental que je suis - Les mots de M. Poe m'ont fait monter le cœur à la gorge. J'ai sorti mon mouchoir et j'ai essayé de me reconcentrer sur les questions que j'avais préparées pour lui poser. Puis j'ai levé les yeux et j'ai remarqué que ce n'était pas M. Poe qui était venu nous saluer - c'était sa femme Virginia Clemm !

Madame Delatour lui tenait la main et la conduisait vers moi pendant que Virginia lui chuchotait à l'oreille des secrets que je ne pouvais pas entendre.

Virginia a hoché la tête, souri, fait une révérence et s'est assise sur la chaise en face de moi. Madame Delatour a demandé si elle pouvait me parler en privé un moment, et nous nous sommes toutes les deux excusées de la présence de Virginie. Je lui ai montré la table remplie de gâteaux et de pâtisseries et je l'ai invitée à y prendre part. Elle tendit une assiette, toute excitée, tandis que je refermais les portes du balcon derrière moi.

"Cathy, Virginie souhaite contacter son Edgar. Elle ne l'a pas vu depuis le jour de sa mort.

En ce jour fatal d'hiver, lorsque les effets secondaires de la rupture d'un vaisseau sanguin dans sa gorge sont devenus insupportables - Virginia a été allongée sur un lit où il n'y avait que de la paille et des draps. De toute évidence, Virginia et Edgar vivaient dans une extrême pauvreté.

La pauvre, tout ce qu'elle avait, c'était un petit chaton qu'Edgar lui avait donné pour la tenir au chaud, et le manteau d'Edgar. Il tenait ses mains glacées dans les siennes, et sa mère lui frottait les pieds pour éviter les engelures.

Cathy, nous ne pouvons pas laisser Virginia continuer à arpenter les cieux toute seule. Mais notre décision aura des conséquences dans la mesure où Edgar sera moins longtemps avec nous."

J'ai regardé Virginie. Elle n'avait que vingt-trois ans lorsqu'elle est morte. Sa beauté pittoresque. Ses yeux sombres mais chaleureux. Son sens aigu du but à atteindre. Blanchetta avait raison, nous devions réunir les amoureux - il n'y avait pas d'autre choix.

J'ai fait un signe de tête affirmatif et Madame Delatour s'est éclipsée pour convoquer Monsieur Poe.

Pendant que nous attendions, j'ai versé à Virginia une solide tasse de thé chaud et elle a rapidement mis huit cuillères à café pleines de sucre dans son Royal Doulton, avant de soupirer lourdement en prenant sa première gorgée. Lorsqu'elle a voulu prendre une deuxième gorgée, ses mains se sont mises à trembler sauvagement, et je me suis empressée d'aller à ses côtés pour saisir ma tasse et ma soucoupe antiques. J'ai enroulé une cape autour de ses épaules, je me suis retournée et j'ai remarqué Edgar Allan Poe en chair et en os.

Il portait un costume noir avec une veste au genou, qui était boutonnée pour montrer un cravate rouge pomme et une chemise blanche comme neige en dessous. Ses yeux étaient solennels, sombres, et ses cheveux balayaient son front comme un rideau. Son nez dénotait la force, et sa bouche moustachue ne formait pas un sourire lorsqu'il regarda d'abord Madame Delatour, puis moi-même et enfin reposa ses yeux sur sa femme.

Ces yeux clairs et tristes se mirent à pleurer, pleins, plus pleins, puis débordèrent lorsqu'il alla vers elle et la serra contre son sein. Elle était encore comme une enfant, car il l'enveloppait de ses bras, et elle semblait s'y perdre, volontairement.

Les minutes passèrent, puis Edgar s'assit. Virginia grimpa sur ses genoux, le serrant fortement autour du cou. Elle ne voulait pas le laisser partir un seul instant.

Q : Vous avez l'air très bien blottis l'un contre l'autre. Peut-être pourriez-vous partager un souvenir qui vous est cher ?

Je savais qu'ils pensaient tous les deux exactement au même moment lorsqu'ils ont échangé un regard. Puis Edgar s'est mis à parler avec une douceur dans la voix :

R : C'était à l'hôtel Depot dans la ville de New Hope où nous avons bu le plus beau thé que vous ayez jamais bu, fort et chaud - du pain de blé et du pain de seigle - du fromage - des gâteaux au thé (élégants), un grand plat de jambon et deux de veau froid empilés comme une montagne en grandes tranches - trois plats de gâteaux et tout dans la plus grande profusion. Je n'avais que dix dollars et nous les avons dépensés en grande partie pour ce repas, mais nous l'avons tellement apprécié. (2)

Virginia poussa un profond soupir tandis qu'Edgar lui caressait les cheveux et que je leur versais à tous les deux une solide tasse de thé. Virginia n'avait plus besoin de ma cape pour se réchauffer : Edgar était sa couverture.

Q : M. Poe, j'ai lu quelque part que vous aviez reçu la somme dérisoire de 10 dollars pour la publication de "The Raven". Cela ne peut pas être vrai ?

R : Appelez-moi Edgar. Vous êtes un ami pour Virginia et moi. Mais hélas, c'est vrai. Ma plus grande œuvre, et pourtant je suis resté un écrivain triste, solitaire, affamé, vêtu de noir, rencontrant des gens qui me connaissaient, qui m'admiraient en tant qu'écrivain, tout en sachant que je faisais des rêves qu'aucun mortel n'avait jamais faits auparavant. (3)

Q : Criminel ! "Le corbeau" reste l'un des poèmes les plus vénérés de tous les temps. J'ai lu quelque part que Charles Dickens t'avait inspiré pour l'écrire.

R : Charles Dickens était en tournée aux États-Unis et j'ai appris qu'il allait venir à Richmond, où je vivais. Je lui ai envoyé une lettre, l'invitant à déjeuner dans un hôtel du centre-ville de Richmond. M. Dickens a accepté et il est venu me rencontrer seul. Lorsque nous nous sommes assis pour déjeuner, j'ai remarqué qu'il avait pleuré. Je lui ai demandé ce qu'il y avait, et il m'a répondu :

J'espérais que vous ne le remarqueriez pas, Monsieur Poe, mais puisque vous le demandez, je vais vous donner une réponse honnête. J'ai vécu une tragédie personnelle dans ma famille avant de quitter l'Angleterre pour venir en Amérique et j'y pensais. J'ai une femme, trois enfants et un animal de compagnie qui s'appelle "Grip". Nous aimions notre animal de compagnie "Grip" presque autant que nous nous aimons les uns les autres. Avant de partir, j'ai emmené ma famille pour un week-end de vacances. Nous avons fait ce que nous faisions toujours avec "Grip", c'est-à-dire que nous l'avons enfermé dans notre étable. Nous avons laissé beaucoup de nourriture et d'eau et nous pensions qu'il irait bien pendant notre absence. Mais nous ne nous sommes pas rendu compte qu'il y avait un grand pot de peinture dans l'écurie, et que son couvercle était tombé.

Malheureusement, la peinture était d'une couleur qui ressemblait à de l'eau. Pauvre Grip a été désorienté et a bu toute la peinture par erreur. Imaginez notre choc, M. Poe, lorsque nous avons déverrouillé la porte de l'écurie à notre retour et que nous avons trouvé le pauvre "Grip" - couché sur le dos, raide comme une planche, les jambes dressées, mort comme une pierre.

L'expression "mort de froid" résonnait dans ma tête. Je lui ai demandé : Qu'est-ce que c'était que ce pauvre petit "Grip" ? Un chat ou un chien ?

Et M. Dickens a répondu : Oh, non, M. Poe, nous n'avons pas d'animaux domestiques normaux dans notre famille. En fait, "Grip" était un grand corbeau noir adorable. (4)

Ce soir-là, je suis rentré chez moi et j'ai révisé un poème que j'avais écrit sur une fille nommée "Lenore". Il avait été rejeté à plusieurs reprises. J'ai changé le titre en "Le corbeau" et tout le monde l'a applaudi.

Q : Pourquoi pensez-vous que "Le Corbeau" a tant captivé les lecteurs ?

R : Je voulais écrire le premier conte de fées pour adultes. Les critiques m'ont demandé pourquoi je ne l'avais pas commencé par "Il était une fois", et je leur ai répondu : Mais je l'ai ouvert de cette façon. Dans mon esprit, tous les temps sont des minuits lugubres. (5)

Q : Voulez-vous lire un petit quelque chose pour nous ?

R : Écoutez, écoutez, car au loin, vous entendrez peut-être

LES CLOCHETTES
Entendez les traîneaux avec les cloches...
Des cloches d'argent !
Quel monde de gaieté leur mélodie annonce !
Comme elles tintent, tintent, tintent,
Dans l'air glacé de la nuit !
Tandis que les étoiles qui saupoudrent
Tous les cieux, semblent scintiller
Avec un plaisir cristallin ;
En gardant le temps, le temps, le temps,
Dans une sorte de rime runique,
A la tintinnabulation qui se fait si musicalement
Des cloches, des cloches, des cloches, des cloches,
Des cloches, des cloches, des cloches...
Du tintement et du tintement des cloches.
Entendez les douces cloches du mariage,
Les cloches d'or !
Quel monde de bonheur leur harmonie annonce !
Dans l'air doux de la nuit
Comme elles font retentir leur joie !
Des notes d'or en fusion,
Et toutes au diapason,
Quelle chansonnette liquide flotte

A la tourterelle qui écoute, tandis qu'elle jubile

Sur la lune !

Oh, des cellules sonores,

Quel jaillissement d'euphonie volumineux !

Comme elle se gonfle !

Comme elle s'attarde

Sur l'avenir ! Comme elle raconte

Du ravissement qui pousse

Au balancement et à la sonnerie

Des cloches, des cloches, des cloches,

Des cloches, des cloches, des cloches, des cloches,

Des cloches, des cloches, des cloches...

La rime et le carillon des cloches !

Entendez les cloches de l'alarum...

Les cloches effrontées !

Quelle histoire de terreur, maintenant, leur turbulence raconte !

Dans l'oreille effrayée de la nuit

Comme elles crient leur effroi !

Trop horrifiées pour parler,

Elles ne peuvent que crier, crier,

sans pouvoir se mettre au diapason,

Dans un appel claudiquant à la pitié du feu,

Dans une folle expostulation avec le feu sourd et frénétique,

Sautant plus haut, plus haut, plus haut,

Avec un désir désespéré,

Et un effort résolu,

Maintenant, maintenant s'asseoir ou jamais,

A côté de la lune au visage pâle.
Oh, les cloches, les cloches, les cloches !
Quelle histoire leur terreur raconte
Du désespoir !
Comme elles s'entrechoquent, s'entrechoquent et rugissent !
Quelle horreur elles répandent
Au sein de l'air palpitant !
L'oreille, elle, le sait bien,
Par le tintement,
Et le tintement,
Comment le danger se manifeste et s'évanouit :
Pourtant, l'oreille dit distinctement,
Par le tintement,
Et les querelles,
Comment le danger s'enfonce et s'enfle,
Par l'affaissement ou le gonflement dans la colère des cloches-
Des cloches...
Des cloches, des cloches, des cloches, des cloches,
Des cloches, des cloches, des cloches...
Dans la clameur et le fracas des cloches !
Entendez le son des cloches...
Les cloches de fer !
Quel monde de pensées solennelles leur monodie oblige !
Dans le silence de la nuit,
Comme nous frissonnons d'effroi
A la menace mélancolique de leur son !

Pour chaque son qui flotte
De la rouille de leur gorge
Est un gémissement.
Et le peuple - ah, le peuple -
Ceux qui habitent dans le clocher,
Tout seul
Et qui, chantant, chantant, chantant,
Dans ce ton monotone étouffé,
Ressentent une gloire à rouler ainsi
Sur le coeur humain une pierre...
Ils ne sont ni homme ni femme
Ils ne sont ni brutes ni humains-
Ce sont des goules :
Et leur roi est le péage ;
Et il roule, roule, roule,
Roule
Un hymne des cloches !
Et sa joyeuse poitrine se gonfle
Avec l'hymne des cloches !
Et il danse, et il crie ;
En gardant le temps, le temps, le temps,
Dans une sorte de rime runique,
Au chant des cloches...
Des cloches :
En gardant le temps, le temps, le temps,
En une sorte de rime runique,
Au rythme des cloches...
Des cloches, des cloches, des cloches-
Au sanglot des cloches ;

En gardant le temps, le temps, le temps,
Tandis qu'il sonne, sonne, sonne,
Dans une joyeuse rime runique,
Au roulement des cloches...
Des cloches, des cloches, des cloches :
Au son des cloches,
Des cloches, des cloches, des cloches, des cloches-
Des cloches, des cloches, des cloches-
Au gémissement et à la plainte des cloches. (6)

Q : Merci Edgar. Parle-moi de la technique extraordinaire dont tu t'es servi pour étudier le journalisme.

Edgar sourit, prend les mains de sa bien-aimée dans les siennes et les embrasse, puis répond :

R : Si j'écris sur un voyage en ballon et que je veux que les autres croient que j'ai fait un tel voyage, comment puis-je le faire sans utiliser des choses qui existent autour de moi pour convaincre mes lecteurs ? Dans certains de mes livres, j'ai des conversations avec les morts, et avec des cadavres revenus à la vie, ces choses, ces endroits où mon esprit m'emmènerait, mais ils ne pourraient pas m'emmener plus loin. Après tout, ma chère femme, la vie n'est-elle pas un canular, une vision fantastique plagiée par un poète divin dans le cauchemar épique d'un esprit diabolique ? Alors pourquoi moi, poète humain, ne plagierais-je pas les visions fantastiques d'autres esprits humains ? (7)

J'ai assez souvent fait référence à des livres étrangers qui, après enquête, se sont avérés n'avoir jamais existé. Je n'ai jamais été handicapé par une éducation insuffisante. J'aimais faire étalage de mes connaissances acquises en citant des passages de langues dont j'ignorais tout. (8)

Q : Quels conseils donneriez-vous aux écrivains de l'année 2002 et des années suivantes ?

R : Apprends à respecter les délais. Compte sur l'inspiration. Écris rapidement. Écris de façon désordonnée. (9)

Q : Notre temps s'achève, M. Poe, et je vois que votre charmante dame s'est endormie, ses bras vous entourant doucement. J'aimerais vous poser une dernière question. Êtes-vous d'abord un artiste ou d'abord un poète ?

R : Je suis avant tout un artiste. J'ai peint le grotesque et l'arabesque. Je me suis intéressé au beau, pas au vrai. Le sens de la beauté est un instinct immortel au plus profond de l'esprit de l'homme. Mon but était d'évoquer la beauté par la musique des mots en utilisant tous les trucs magiques littéraires que je pouvais employer comme la nouveauté, la citation, la répétition, les phrases inattendues, les bizarreries... des phrases et des sentiments aux douces sonorités qui étaient tout simplement hors de portée de l'analyse. Aucune œuvre d'art ne devrait jamais indiquer une morale ou incarner une vérité. C'est mon opinion. C'est ainsi que j'ai vécu. (10)

C'est précisément à ce moment-là que des centaines de renards volants ont traversé le ciel en poussant des cris de banshees. Nous avons répondu à leurs voix en nous levant - mais quand j'ai regardé de côté, j'ai remarqué que M. Poe et Virginia avaient disparu dans la nuit.

Peut-être se sont-ils envolés sur les ailes des chauves-souris et sont-ils maintenant blottis l'un contre l'autre dans les jardins botaniques royaux de Sydney.

Incapable de laisser les choses en l'état, je me suis assise et j'ai commencé à lire ce poème à haute voix à la lumière assistée de la lune :

À L'UN D'ENTRE EUX AU PARADIS
Tu étais tout cela pour moi, amour,
Pour lequel mon âme se languissait ;
Une île verte dans la mer, amour,
Une fontaine et un sanctuaire
Tout cela entouré de fruits et de fleurs de fées,
Et toutes les fleurs étaient à moi.
Ah, rêve trop brillant pour durer !
Ah, espoir étoilé, qui s'est levé
Mais pour être couvert !
"En avant ! En avant !" - mais au-dessus du passé
(Le golfe sombre !) mon esprit plane
Doit, immobile, effaré.
Car, hélas ! Hélas ! Avec moi

La lumière de la vie s'est éteinte !
Plus jamais - plus jamais - plus jamais -
(Un tel langage tient la mer solennelle
Aux sables du rivage)
Ne fleurira plus l'arbre frappé par le tonnerre,
Ni l'aigle en détresse s'élever.
Et tous mes jours sont des transes,
Et tous mes rêves nocturnes
Sont là où ton œil gris regarde,
Et où tes pas brillent -
Au bord de ce ruisseau éternel. (11)
Puis j'ai soufflé chaque bougie l'une après l'autre - 40 souhaits sont montés au ciel - Virginie et Edgar ensemble pour l'éternité.

Madame Delatour ronflait bruyamment lorsque je suis rentrée dans la maison. Je suis restée avec un sentiment d'incomplétude concernant M. Poe, mais j'ai senti que les deux esprits qui se rejoignaient avaient fait que tout cela en valait la peine.

J'espère que tu auras envie d'en savoir plus sur les oeuvres de M. Edgar Allan Poe. Jette un coup d'œil à ces sélections et je te garantis que tu en voudras encore plus :

La chute de la maison Usher
Le Masque de la mort rouge
Le dormeur
Un rêve dans un rêve
La ville et la mer
Le pays des rêves

Au paradis

Le beau médecin

Le palais hanté

Le ver conquérant

Le corbeau

Seul

L'étoile mystérieuse

Épigramme pour Wall Street

Les meurtres de la rue Morgue

Le puits et le pendule

Le pays des fées

Les jours heureux

Ode à la reine de mai

Le pouvoir des mots

Comment rédiger un article de Blackwood

Ne pariez jamais votre tête sur le diable - Un conte avec une morale

La lettre volée

La boîte oblongue.

Au revoir, au revoir !

Cathy McGough

Ton intervieweuse des écrivains légendaires de l'au-delà

SHELLEY ADMIRE LA RIVIÈRE DES CUISINIERS

MADAME DELATOUR EST ENTRÉE dans le salon sans notre invité du jour : Percy Bysshe Shelley. Elle marchait d'un pas rageur - tandis que ses grandes boucles d'oreilles violettes rebondissaient de haut en bas en synchronisation avec sa queue de cheval qui se balançait d'un côté à l'autre. Elle portait sa cape violette d'invocation sur laquelle elle avait brodé des étoiles et des lunes fluorescentes. Ses bracelets s'entrechoquent tandis qu'elle ouvre les portes du patio et dit :

"Que dois-je faire, Cathy ? Que dois-je faire ? C'est Lord Byron. Il n'arrête pas de flirter avec moi, m'offrant des faveurs pour que je l'interviewe avant M. Shelley. Il veut voir à quoi ressemblent deux femmes en l'an 2002. Il pense qu'il peut gérer deux femmes du futur bien mieux que M. Shelley, et malheureusement, M. Shelley a tendance à être d'accord. Il empêche M. Shelley de passer de l'autre côté. Que dois-je faire ? Que devons-nous faire ?"

Lord Byron avait du culot ! Son histoire avec les femmes était bien connue et l'interviewer serait très intriguant. Cependant, les interviews sont choisies en fonction des demandes formulées par les lecteurs, les familles et les amis. L'interview de M. Byron avait été demandée, mais il se trouvait assez loin sur la liste.

J'ai persuadé Madame Delatour d'informer Lord Byron que nous gardions le meilleur pour la fin. L'ego légendaire de Lord Byron y croirait et, avec un peu de chance, les choses se remettraient en place avec M. Shelley.

Percy Bysshe Shelley est né le 4 août 1792 (un camarade Lion !) dans le Sussex, en Angleterre. Bien des années après sa mort, William Wordsworth a dit de Shelley qu'il était "l'un des meilleurs artistes de nous tous ; dans l'exécution du style."

Percy se lie d'amitié avec le philosophe William Godwin et tombe immédiatement amoureux de sa fille Mary (bien qu'il soit déjà marié et père de famille). Après le suicide tragique de sa première femme, il tente d'obtenir la garde de ses enfants, mais cela lui est refusé. Profondément dégoûté par le système juridique anglais, il quitte le pays en jurant de ne jamais y revenir.

Shelley et Mary s'installent bientôt en Italie, où il passera les dernières années de sa vie. Le 8 juillet 1822, Shelley et son ami sont pris dans une tempête soudaine alors qu'ils naviguent dans un petit bateau à Lerici, en Italie, sur la côte du golfe de Spezia. Leurs corps se sont échoués sur le rivage et, conformément à la loi italienne, ont été incinérés sur la plage en présence de leurs amis et collègues poètes Trelawney, Hunt et Byron. Ses cendres ont été transportées à Rome et enterrées près de la tombe de son cher ami John Keats.

M. Shelley était passionné par beaucoup de choses, mais la poésie était son premier amour et cela est clairement démontré dans son essai écrit en réponse à l'ouvrage de Thomas Love Peacock intitulé "Les quatre âges de la poésie."

M. Peacock y professe que l'art d'écrire de la poésie s'éteindra bientôt parce que les hommes se tournent vers les grands intérêts permanents de la société humaine. (1)

Voici un extrait de la réfutation de M. Shelley :

A DEFENCE OF POETRY

La poésie est l'enregistrement des meilleurs et plus heureux moments des esprits les plus heureux et les plus performants. Nous sommes conscients des visites évanescentes de la pensée et du sentiment, parfois associées à un lieu ou à une personne, parfois concernant notre propre esprit uniquement, et toujours surgissant de manière imprévue et partant de manière inattendue, mais élevant et ravissant au-delà de toute expression ; de sorte que même dans le désir et le regret qu'ils laissent, il ne peut y avoir que du plaisir, participant comme il le fait à la nature de son objet. C'est pour ainsi dire l'interpénétration d'une nature plus divine à travers la nôtre ; mais ses pas sont comme ceux d'un vent sur la mer, que le calme du matin efface, et dont les traces restent seulement, comme sur le sable ridé qui la pave.

Ces conditions d'existence et d'autres correspondantes sont principalement vécues par ceux dont la sensibilité est la plus délicate et l'imagination la plus étendue ; et l'état d'esprit qu'elles produisent est en guerre contre tous les désirs vils. L'enthousiasme de la vertu, de l'amour, du patriotisme et de l'amitié est essentiellement lié à de telles émotions ; et tant qu'elles durent, le moi apparaît comme ce qu'il est, un atome pour un univers.

Les poètes ne sont pas seulement sujets à ces expériences en tant qu'esprits de l'organisation la plus raffinée, mais ils peuvent colorer tout ce qu'ils combinent avec les teintes évanescentes de ce monde éthéré ; un mot, un trait dans la représentation d'une scène ou d'une passion touchera la corde sensible enchantée, et réanimera, chez ceux qui ont jamais connu ces émotions, l'image endormie, froide et enfouie du passé. La poésie rend ainsi immortel tout ce qu'il y a de meilleur et de plus beau dans le monde ; elle arrête les apparitions fugitives qui hantent les interludes de la vie et, en les voilant ou en leur donnant un langage ou une forme, les envoie parmi l'humanité, apportant de douces nouvelles de joie fraternelle à ceux avec qui leurs soeurs demeurent - demeurent, parce qu'il n'y a pas de portail d'expression depuis les cavernes de l'esprit qu'elles habitent vers l'univers des choses. La poésie rachète de la décrépitude les visites de la divinité des hommes. (2)

Si passionné ! Si élégamment écrit ! J'ai hâte de voir à quoi ressemble M. Shelley en personne.

Et pour l'occasion, j'ai préparé une assiette de sandwichs au Vegemite, des Lamingtons et une théière de thé chaud est en train d'infuser. Rien de tel que l'hospitalité australienne !

Mesdames et messieurs, il semble que nous soyons prêts à partir, car je vois que M. Shelley est conduit vers moi. Même de loin, ses yeux bleus captivants et ses longs cheveux bouclés brun foncé lui donnent un air plutôt angélique. Il est vêtu d'un manteau olive super fin avec des boutons dorés et d'un gilet Marcela rayé. (3) Ses yeux sont quelque peu baissés (peut-être vérifie-t-il le tapis), mais lorsqu'il aperçoit les portes vitrées menant au balcon, il se passe rapidement les doigts dans les cheveux et se dirige tout droit vers la balustrade en disant :

C'est comme la grande terrasse-vérte de ma maison à Casa Magni, qui donnait sur la baie de Spezia où il y avait aussi des vues sur la mer et des paysages d'une beauté inégalée. (4) Y a-t-il des bateaux à proximité ? Puis-je naviguer aujourd'hui ?

Nos yeux se sont croisés pour la première fois, et de près, il était comme un enfant qu'on ne peut pas refuser. Cependant, notre temps était limité et je devais lui faire comprendre ce qu'il regardait, c'est-à-dire la rivière Cooks, et non l'océan, et lui expliquer où nous nous trouvions en Australie. Lorsque j'ai confirmé que nous n'avions pas le temps de naviguer, il a fait la moue jusqu'à ce qu'il soit distrait par les bruits inhabituels des kookaburras et des pies. Au loin, les gommiers et les jacarandas dansaient dans la brise pendant que je servais une tasse de thé à M. Shelley.

Lorsque nous nous sommes assis, M. Shelley m'a regardé dans les yeux. Lorsque nous sommes entrés en contact, il a détourné le regard.

Je suis retournée à mes notes et j'ai rapidement vu ses yeux se fixer à nouveau sur les miens. Je n'étais pas certaine de ce qu'il regardait. En fait, je n'étais sûre de rien à ce moment-là. J'ai senti une rougeur brûlante monter sur ma joue.

L'intensité de son regard ne faiblit pas.

Depuis que j'ai passé des entretiens, j'ai développé un sentiment de confiance en présence de ces maîtres. Je me sens généralement détendue, bien qu'un peu émerveillée.

Cependant, le fait que M. Shelley me regarde constamment, puis détourne le regard, me rend nerveuse.

J'ai tenté de retrouver mon calme en mélangeant quelques papiers quand il a remarqué, lui, l'âme sensible, ma teinte rougeâtre.

Toutes mes excuses, chère madame. Je ne voulais pas vous mettre mal à l'aise. Ce sont tes yeux. Ces yeux noisette perçants (5) qui sont les vôtres. Vous voyez, je les ai déjà vus dans la tête blonde et galbée de ma femme Mary.

Pendant un instant, je suis resté sans voix. Cependant, j'ai réussi à dire un merci de souris. Pendant quelques secondes, nous avons regardé au loin, jusqu'à ce que je reprenne le contrôle de la situation et que l'entretien commence.

Q : Parle-moi d'un moment spécial que tu as partagé avec Mary.

R : J'ai apprécié les moments où elle me suivait jusqu'à l'endroit où j'amarrais mon bateau. Là, elle posait sa tête sur mon genou et fermait ses yeux fatigués. Je caressais sa tête dorée. Nous respirions l'air de la mer et nous laissions bercer par la douce brise. C'était comme si nous étions dans un monde à part. (6)

Q : Oh, comme c'est romantique ! C'est un changement de sujet assez étrange, mais j'ai lu quelque part que toi et Mary étiez végétariens ? En fait, aujourd'hui, c'est un mode de vie très populaire.

R : J'ai bien peur que le fait d'être végétarien ait été une nécessité, pas un choix. Lorsque nous avions la chance de pouvoir acheter de la viande, Mary et moi faisions en sorte que les enfants en aient. Je me nourrissais essentiellement de pain, et j'en gardais un morceau dans ma poche partout où j'allais, de peur d'oublier complètement de manger. La poésie m'a donné la subsistance. (7)

Q : Qu'est-ce qui vous a le plus manqué pendant votre exil volontaire d'Angleterre ?

R : Le mal du pays me surprenait de temps en temps, et mon remède était de lire les œuvres des poètes du lac et en particulier les mots de William Wordsworth. Nos poètes et nos philosophes, nos montagnes et nos lacs, les chemins ruraux et les champs qui sont les nôtres si particulièrement, sont des liens qui, à moins que je ne devienne complètement insensé, ne pourront jamais être rompus. Ceux-ci et leur souvenir, même si je ne reviendrai jamais, ceux-là et les affections de l'esprit avec lequel ils ont été unis une fois, sont inséparablement unis, même si je n'y reviens plus jamais. (8)

Il est aussi extrêmement difficile de trouver une bonne tasse de thé quand on est à l'étranger.

Q : Comment se fait-il que tu sois connu sous le nom de "Mad Shelley" ? (9)

R : Je faisais souvent des expériences avec des produits chimiques et de la magie. Les autres enfants avaient l'habitude de me taquiner sans relâche, de me suivre partout et même de faire ce qu'ils appelaient des "chasses à Shelley". Mais il y a eu un jour où les choses ont vraiment dégénéré. C'était pendant mon séjour à Eton. J'ai dessiné un cercle et je me suis placée au centre. Les autres élèves se sont rassemblés autour de moi pendant que je versais de l'alcool dans une petite assiette et que j'y mettais le feu. Je l'ai regardée prendre sa flamme bleutée, puis j'ai commencé à réciter des choses telles que : "Les démons sortent et nous rejoignent !". Un professeur m'a remarqué et a crié en me demandant ce que je faisais. Je lui ai dit que j'essayais d'élever le diable. (10)

Q : Est-il vrai que tu as utilisé tes frères et sœurs dans tes expériences ?

R : C'est le journal de ma sœur Hellen qui décrit le mieux mes frasques. Souviens-toi que je n'avais que onze ans :

Lorsque mon frère a commencé ses études de chimie et qu'il a pratiqué l'électricité sur nous, j'avoue que le plaisir que j'en retirais était entièrement annulé par la terreur que suscitaient ses effets. Chaque fois qu'il venait me voir avec son morceau de papier d'emballage brun plié sous le bras, un bout de fil de fer et une bouteille, mon cœur sombrait de peur à son approche ; mais la honte me faisait taire, et, avec autant d'autres qu'il pouvait rassembler, nous étions placés main dans la main autour de la table de la chambre d'enfant pour être électrifiés. (11)

Q : En parlant de choses électriques, que penses-tu de l'amour ?

R : J'ai toujours attendu plus de l'amour, j'ai exigé plus de l'amour qu'il n'était capable de donner en retour. Par conséquent, l'amour m'a toujours déçu. On est toujours amoureux de quelque chose ou d'autre ; l'erreur consiste à chercher dans l'image la ressemblance de ce qui est éternel. (12)

Q : Qui a le plus influencé ton travail ?

R : Platon, sans aucun doute. Platon était essentiellement un poète. La vérité et la splendeur de son imagerie et la mélodie de son langage sont les plus intenses qu'il soit possible de concevoir. Il rejetait l'harmonie dans les pensées dépourvues de forme et d'action, et il s'est abstenu d'inventer des pauses régulières de son style. (13) J'ai traduit son "Ion" - une partie de "Phased" et plusieurs épigrammes. J'ai écrit ceci pour lui :

ÉTOILE DU MATIN ET DU SOIR
Tu es l'étoile du matin parmi les vivants,
Avant que ta belle lumière n'ait disparu ;
Maintenant que tu es mort, tu es comme Hesperus, donnant
Une nouvelle splendeur aux morts. (14)

Pourtant, je ne peux pas ne pas me souvenir de Dante. Dante a été le premier éveilleur de l'Europe envoûtée ; il a créé une langue, en elle-même musique et persuasion, à partir d'un chaos de barbarismes inharmonieux. Il a été le rassembleur de ces grands esprits qui ont présidé à la résurrection du savoir, le Lucifer de ce troupeau étoilé qui, au treizième siècle, a brillé depuis l'Italie républicaine, comme d'un ciel, dans les ténèbres du monde angoissé. Ses mots mêmes sont empreints d'esprit ; chacun d'eux est comme une étincelle, un atome brûlant d'une pensée inextinguible ; et beaucoup d'entre eux gisent encore couverts des cendres de leur naissance et enceints d'une foudre qui n'a pas encore trouvé de conducteur. (15)

Q : Définissez le terme "poète" ?

R : Les poètes, selon les circonstances de l'époque et de la nation où ils sont apparus, étaient appelés, dans les époques antérieures du monde, législateurs ou prophètes : un poète comprend et unit essentiellement ces deux caractères. Car non seulement il contemple intensément le présent tel qu'il est et découvre les lois selon lesquelles les choses présentes devraient être ordonnées, mais il voit l'avenir dans le présent, et ses pensées sont les germes de la fleur du fruit du dernier temps. Non pas que j'affirme que les poètes sont les prophètes au sens brut du terme. Un poète participe à l'éternel, à l'infini et à l'unique. (16)

Q : Un poète a-t-il besoin d'une éducation formelle ou simplement de l'éducation de la vie ?

R : Il existe une éducation particulièrement adaptée à un poète, sans laquelle le génie et la sensibilité peuvent difficilement remplir le cercle de leurs capacités... Les circonstances de mon éducation accidentelle ont été favorables à cette ambition. Dès mon enfance, j'ai connu les montagnes, les lacs, la mer et la solitude des forêts : Le danger, qui se joue au bord des précipices, a été mon compagnon de jeu. J'ai foulé les glaciers des Alpes et vécu sous l'œil du Mont Blanc. J'ai été un vagabond parmi les champs lointains. J'ai navigué sur de grands fleuves et j'ai vu le soleil se lever et se coucher, et les étoiles apparaître, tandis que j'ai navigué nuit et jour sur un cours d'eau rapide au milieu des montagnes. J'ai vu des villes populeuses et j'ai observé les passions qui s'élèvent, se répandent, sombrent et se transforment parmi des multitudes d'hommes rassemblés.

J'ai vu le théâtre des ravages les plus visibles de la tyrannie et de la guerre ; des villes et des villages réduits à des groupes épars de maisons noires et sans toit, et leurs habitants nus assis, affamés, sur leurs seuils désolés.

J'ai conversé avec des hommes de génie vivants. La poésie de la Grèce et de la Rome antiques, de l'Italie moderne et de notre propre pays a été pour moi, comme la nature éternelle, une passion et une jouissance. Telles sont les sources auxquelles j'ai puisé les matériaux pour l'imagerie de mes poèmes. J'ai considéré la poésie dans son sens le plus large, j'ai lu les poètes, les historiens et les métaphysiciens dont les écrits m'étaient accessibles, et j'ai considéré les paysages magnifiques et majestueux de la terre comme des sources communes de ces éléments qu'il appartient au poète d'incarner et de combiner... Jusqu'à quel point on trouvera que je possède l'attribut le plus essentiel de la Poésie, le pouvoir d'éveiller chez les autres des sensations semblables à celles qui animent mon propre sein, c'est ce que, pour parler sincèrement, je ne sais pas. (17)

Q : Que pensez-vous de votre ami et poète Lord Byron ?

R : Lord Byron était une personne extrêmement intéressante, et en tant que telle, il est regrettable qu'il ait été l'esclave des préjugés les plus vils et les plus vulgaires, et aussi fou que les vents ! (18)

Q : Je garderai certainement cela à l'esprit lorsque je l'interviewerai ! Tu as beaucoup voyagé. Si tu devais choisir un site comme ton préféré, lequel choisirais-tu ?

R : Le Colisée : Il avait été transformé par le temps en l'image d'un amphithéâtre de collines rocheuses envahies par l'olivier sauvage, le myrte et le figuier, et enfilé par de petits sentiers qui serpentent parmi ses escaliers en ruine et ses galeries incommensurables ; le bois de taillis vous éclipse lorsque vous vous promenez dans ses labyrinthes et les herbes sauvages du climat des fleurs s'épanouissent sous vos pieds.... J'avais peine à croire que, incrusté de marbre dorien et orné de colonnes de granit égyptien, son effet ait pu être aussi sublime et impressionnant. (19)

Q : Qu'aimeriez-vous transmettre aux poètes en 2002 ?

R : Nous avons plus de sagesse morale, politique et historique que nous ne savons en mettre en pratique ; nous avons plus de connaissances scientifiques et économiques que nous ne pouvons en mettre dans la juste distribution des produits qu'elles multiplient. La poésie de ces systèmes de pensée est dissimulée par l'accumulation de faits et de procédés de calcul... Nous voulons la faculté créatrice pour imaginer ce que nous savons ; nous voulons l'impulsion généreuse pour agir ce que nous imaginons ; nous voulons la poésie de la vie ; nos calculs ont dépassé notre conception... La culture de ces sciences qui ont élargi les limites de l'empire de l'homme sur le monde extérieur a, faute de la faculté poétique, proportionnellement circonscrit celles du monde intérieur ; et l'homme, après avoir asservi les éléments, reste lui-même un esclave. (20)

Q : Percy, avant de partir, pourrais-tu, s'il te plaît, lire "The Cloud". C'est mon préféré.

R : Sur demande spéciale, juste pour vous, chère madame :

LE NUAGE

J'apporte des averses fraîches pour les fleurs assoiffées,

Des mers et des ruisseaux ;

Je porte une ombre légère pour les feuilles lorsqu'elles sont couchées

Dans leurs rêves de midi.

De mes ailes s'échappent les rosées qui réveillent

Les doux bourgeons de chacun,

Lorsqu'ils sont bercés sur le sein de leur mère,

Alors qu'elle danse autour du soleil.

Je manie le fléau de la grêle,

Et je blanchis les plaines verdoyantes,

Et encore une fois, je la dissous dans la pluie,

Et je ris en passant dans le tonnerre.

Je tamise la neige sur les montagnes en contrebas,

Et leurs grands pins gémissent d'effroi ;

Et toute la nuit, c'est mon oreiller qui est blanc,

Tandis que je dors dans les bras du vent.

Sublime sur les tours de mes montagnes enneigées,

L'éclair est mon pilote ;

Dans une caverne, le tonnerre est enfermé,

Il se débat et hurle aux coups ;

Sur la terre et l'océan, avec un doux mouvement,

Ce pilote me guide,

Attiré par l'amour des génies qui se meuvent

Dans les profondeurs de la mer pourpre ;

Sur les ruisseaux, les rochers et les collines,

Sur les lacs et les plaines,

Partout où il rêve, sous la montagne ou le ruisseau,
L'esprit qu'il aime demeure ;
Et moi, je me prélasse dans le sourire bleu du ciel,
Tandis qu'il se dissout dans les pluies.
Le soleil sanguin se lève, avec ses yeux de météore,
Et ses plumes brûlantes déployées,
Saute sur le dos de mon porte-bagages,
Quand l'étoile du matin est morte ;
Comme sur le rocher d'une montagne,
Qu'un tremblement de terre ébranle et fait osciller,
Un aigle alité un moment peut s'asseoir
Dans la lumière de ses ailes dorées.
Et au coucher du soleil, il respire, de la mer illuminée,
Ses ardeurs de repos et d'amour,
Et que le voile cramoisi de l'aube tombe
De la profondeur des cieux,
Je me repose, les ailes déployées, sur mon nid d'ariane,
Aussi calme qu'une colombe qui couve.
Cette jeune fille ornée d'un feu blanc chargé,
Que les mortels appellent la Lune
Glisse en scintillant sur le sol de ma toison,
Par les brises de minuit ;
Et partout où le battement de ses pieds invisibles,
Que seuls les anges entendent,
Peut avoir brisé la trame du mince toit de ma tente,
Les étoiles se glissent derrière elle et regardent ;
Et je ris de les voir tourbillonner et s'enfuir,

Comme un essaim d'abeilles dorées,
Quand j'élargis la fente de ma tente construite par le vent,
Jusqu'aux calmes rivières, lacs et mers,
Comme des bandes de ciel tombées à travers moi dans les hauteurs,
Sont chacun pavés de la lune et de ces derniers.
Je lie le trône du Soleil avec une zone brûlante,
Et celui de la Lune avec une ceinture de perles ;
Les volcans s'assombrissent, et les étoiles tournent en rond et nagent,
Quand les tourbillons déploient ma bannière.
D'un cap à l'autre, avec une forme de pont,
Sur une mer torrentueuse,
À l'abri des rayons du soleil, je suis suspendu comme un toit, -
Les montagnes sont ses colonnes.
L'arc de triomphe par lequel je marche
Avec l'ouragan, le feu et la neige,
Quand les puissances de l'air sont enchaînées à ma chaise,
Est l'arc aux millions de couleurs ;
La sphère de feu au-dessus de ses douces couleurs a tissé,
Tandis que la Terre humide riait en dessous.
Il s'est arrêté brusquement et a remarqué que j'avais continué à prononcer les mots, s'est raclé la gorge, a souri et a continué....
Je suis la fille de la Terre et de l'Eau,

Et l'enfant du ciel ;

Je passe par les pores de l'océan et des rivages,

Je change, mais je ne peux pas mourir.

Car après la pluie, quand il n'y a pas de tache

Le pavillon du Ciel est nu,

Et les vents et les rayons du soleil avec leurs lueurs convexes

Construisent le dôme bleu de l'air,

Je ris silencieusement de mon propre cénotaphe,

Et je sors des cavernes de la pluie,

Comme un enfant dans le ventre de sa mère, comme un fantôme dans la tombe,

Je me lève et le dé-construis à nouveau. (21)

Pendant qu'il lisait, il a commencé à s'effacer, comme une mauvaise transmission, et lorsqu'il a terminé la dernière ligne, il avait entièrement disparu.

J'espère que tu as attrapé le virus Shelley et je t'encourage à rechercher ses œuvres.

Je te recommande les suivantes :

Prometheus Unbound

Le nuage

Adonais

La reine Mab

Le masque de l'anarchie

À une alouette

Ode au vent d'ouest

À la lune

Une complainte

Laon et Cyntha

La philosophie de l'amour
Hymne à l'esprit de la nature
Le rêve du poète
Lignes sur un air indien
Le Cenci
À la nuit
Je crains tes baisers
Le vol de l'amour
Ozymandias d'Égypte
À une dame à la guitare
L'invitation
Le recueillement
L'esprit de solitude
Alastor
Rosalind et Helen
Le rêve de l'inconnu
Musique, quand les voix douces meurent
La sérénade indienne
Le triomphe de la vie
Une défense de la poésie.

Rejoins-moi la semaine prochaine lorsque Madame Delatour amènera un autre invité dans mon humble demeure. Pour l'instant, elle a besoin d'un grand scotch avec des glaçons, car Lord Byron traîne toujours comme un mauvais penny et essaie de nous convaincre de l'interviewer ensuite. Désolé, on ne

peut pas faire Lord Byron - c'est le public qui décide
!

Ta, ta !

Cathy McGough
Ton intervieweuse des écrivains légendaires de
l'au-delà

WILKIE COLLINS TISSE UN CONTE

As-tu découvert les œuvres de Wilkie Collins ? Si tu n'es pas tombé sur certains de ses romans dans ta librairie locale, alors tu as vraiment raté quelque chose !

Wilkie Collins est né le 8 janvier 1824 à New Cavendish Street, à Londres, en Angleterre. M. Collins a laissé à ses lecteurs un énorme héritage composé de vingt-cinq romans, plus de cinquante nouvelles, près de quinze pièces de théâtre et plus d'une centaine d'œuvres non fictionnelles. Ses romans "La pierre de lune" et "La femme en blanc" sont deux classiques. Wilkie Collins a fait des études de droit, ce qui lui a bien servi pour écrire ses thrillers mélodramatiques mais méticuleux.

Madame Delatour m'a prévenu que M. Collins était sur le point de sortir - et dans les secondes qui ont suivi, j'ai remarqué qu'il se dirigeait vers moi. Il a regardé autour de lui, curieux comme un chat pendant que je me présentais et le remerciais d'être venu me rencontrer.

Il s'est assis brièvement, puis s'est soudainement redressé en agitant les mains avec emphase et en pointant le ciel : Wilkie Collins avait découvert l'art d'écrire dans le ciel.

Il a observé le jet stream, comme un enfant dans l'attente de son message. Pendant un instant, j'ai cru qu'il avait cessé de respirer, tant il était submergé par les mots qui s'écrivaient.

Le jet stream s'est arrêté et le mot "Nokia" s'est révélé à mon invité. Il m'a regardé, puis a regardé le message et l'a lu à haute voix encore et encore, comme quelqu'un qui essaie de déchiffrer un code secret.

J'ai expliqué sa signification et M. Collins était très déçu. Il a fait remarquer que le monde s'était abaissé à un niveau sans précédent en permettant la pollution du ciel à des fins publicitaires.

Je n'avais jamais pensé à l'écriture dans le ciel de cette façon... Très vite, le jet stream s'est évanoui et notre entretien a commencé.

Q : Quand as-tu rencontré Charles Dickens pour la première fois ?

R : Charles et moi nous sommes rencontrés le 12 mars 1851. J'avais accepté le rôle de Smart le valet dans la production amateur de la pièce de Bulwer-Lytton "Not So Bad as We Seem". Charles avait douze ans de plus que moi, et il était déjà un auteur reconnu et un personnage public. Malgré cela, nous sommes devenus des amis pour la vie. Je lui ai dédié mon livre "Cache-cache" en 1854 : "À Charles Dickens, cette histoire est inscrite comme un gage d'admiration et d'affection, par son ami, l'auteur."

J'ai été employée à "Household Words" pendant cinq ans, puis à "All The Year Round". Nous avons également collaboré à des numéros de Noël pour les deux publications, notamment "No Thoroughfare." (1)

Q : As-tu toujours aimé raconter des histoires ?

R : Quand j'étais jeune, à la deuxième école de Highbury où j'étais pensionnaire, j'étais régulièrement malmené par le directeur de l'école.

"Tu t'endormiras, Collins, me disait-il, quand tu m'auras raconté une histoire".

C'est cette brute qui, la première, a éveillé en moi, sa pauvre victime, un pouvoir dont, sans lui, je n'aurais peut-être jamais eu conscience... Quand j'ai quitté l'école, j'ai continué à raconter des histoires pour mon propre plaisir. (2)

Q : Vous avez essayé de montrer la vie telle qu'elle était, bien que le public ait souvent voulu faire l'autruche.

R : Nous sommes devenus si familiers avec la violence et l'outrage que nous les reconnaissons comme un ingrédient nécessaire de notre système social, et nous classons nos sauvages comme une partie représentative de notre population sous le nom nouvellement inventé de "brutes". L'attention du public a été dirigée par des centaines d'autres écrivains vers le sale Rough in fustian. Si je m'étais cantonné dans ces limites, j'aurais entraîné tous mes lecteurs avec moi. Mais j'ai l'audace d'attirer l'attention sur le Rough lavé en broadcloth - et je dois me défendre auprès des lecteurs qui n'ont pas remarqué cette variété, ou qui, l'ayant remarquée, préfèrent l'ignorer.

N'est-il pas nécessaire de protester, dans l'intérêt de la civilisation, contre une renaissance de la barbarie parmi nous, qui s'affirme être une renaissance de la vertu virile, et qui trouve la stupidité humaine assez dense pour admettre cette affirmation ? (3)

Q : Je suis désolé de t'informer que les choses n'ont pas beaucoup changé aujourd'hui. Tu dois te demander si elles changeront un jour. Ce serait peut-être le bon moment pour te demander de lire un extrait de l'un de tes livres ?

R : "Basil" est le deuxième ouvrage de fiction que j'ai produit. À sa parution, il a été condamné d'emblée par une certaine catégorie de lecteurs, qui y voyaient un outrage à leur sens des convenances. Je savais que "Basil" n'avait rien à craindre des lecteurs à l'esprit pur, et j'ai laissé ces pages se maintenir ou s'effondrer selon les mérites qu'elles possédaient. Lentement et sûrement, mon histoire s'est frayée un chemin à travers toutes les critiques négatives, jusqu'à une place dans la faveur du public, que j'espère qu'elle n'a jamais perdue depuis.

Ceci est extrait de la première partie, chapitre II de :

BASIL

Je pourrais tenter, ici, d'esquisser mon propre caractère tel qu'il était à l'époque. Mais quel homme peut dire - Je vais sonder la profondeur de mes propres vices, et mesurer la hauteur de mes propres vertus ; et être aussi bon que sa parole ? Nous ne pouvons ni nous connaître ni nous juger nous-mêmes ; les autres peuvent nous juger mais ne peuvent pas nous connaître ; Dieu seul juge et connaît aussi. Laissez mon caractère apparaître - pour autant qu'un caractère humain puisse apparaître dans son intégrité, dans ce monde - dans mes actions, lorsque je décrirai le seul passage mouvementé de ma vie, qui constitue la base de ce récit. En attendant, il est d'abord nécessaire que j'en dise plus sur les membres de ma famille. Deux d'entre eux au moins seront importants pour la suite des événements dans ces pages. Je n'essaie pas de juger leur caractère ; je les décris seulement - à tort ou à raison, je l'ignore - tels qu'ils me sont apparus. (4)

Q : On a dit que vous étiez un "réviseur compulsif". Cette affirmation est-elle juste ?

R : Juste ? Qu'est-ce qui est juste ? J'ai révisé. Pour que quelqu'un me qualifie de "réviseur compulsif", il faut qu'il ait vu les manuscrits et les épreuves de mes romans. Je les ai effectivement revus en détail avant leur publication, les modifiant, les ajoutant et les supprimant jusqu'à ce que la page devienne un palimpseste pratiquement illisible. Chaque fois qu'une nouvelle édition d'un roman s'imposait, j'en profitais pour le réviser à nouveau. En général, les changements que j'apportais étaient des modifications mineures de la ponctuation et de la structure des phrases. L'exception était "Hide and Seek", où les changements étaient beaucoup plus importants. Il était dédié à mon cher ami Charles Dickens et je devais donc le rendre aussi parfait que possible. Dans la préface de l'édition de 1861, j'ai écrit : J'ai abrégé, et dans de nombreux cas omis, plusieurs passages [...] qui exigeaient plus de patience de la part du lecteur que je ne pense qu'il est souhaitable de s'y risquer. (5)

Q : Certains critiques ont prétendu que "Cache-cache" était autobiographique en raison de l'apparition de votre animal de compagnie "Snooks".

R : Hélas, la seule partie de "Cache-cache" qui était autobiographique était mon cher chaton "Snooks". Je me souviens avoir écrit à ma mère en 1844 pour me plaindre du comportement de la femme de chambre à son égard :

L'autre jour, je lui ai fait la leçon sur l'inhumanité. Dans son zèle pour la science ou pour sa cuisine (je ne sais pas lequel), elle a essayé de réintroduire par le nez du chaton ce que l'innocent animal venait d'expulser comme étant sans valeur d'une partie opposée et inférieure de son corps. Charles (mon frère) a essayé d'enrager sur le sujet avec la cuisinière. J'ai essayé la philosophie avec la femme de chambre. Il a échoué. J'ai réussi - Purifié était le nez de "Snooks". (6)

Q : Pourriez-vous expliquer vos idées sur la famille de la fiction ?

R : Croyant que le roman et la pièce de théâtre sont des sœurs jumelles dans la famille de la fiction ; que l'un est un drame raconté, comme l'autre est un drame joué ; et que toutes les émotions fortes et profondes que l'auteur de pièces de théâtre a le privilège d'exciter, l'auteur de romans a aussi le privilège de les exciter, je n'ai pas pensé qu'il était politique ou nécessaire, tout en adhérant aux réalités, d'adhérer seulement aux réalités quotidiennes. En d'autres termes, je ne me suis pas abaissé au point de m'assurer de la croyance du lecteur en la probabilité de mon histoire, mais sans jamais lui demander d'exercer sa foi. Ces accidents et événements extraordinaires qui n'arrivent qu'à peu d'hommes m'ont semblé être des matériaux de fiction aussi légitimes - lorsqu'il y avait un bon but à les utiliser - que les accidents et événements ordinaires qui peuvent nous arriver à tous, et qui nous arrivent à tous. En faisant appel à de véritables sources d'intérêt au sein de la propre expérience du lecteur, je pourrais certainement gagner son attention pour commencer ; mais ce n'est qu'en faisant appel à d'autres sources (tout aussi authentiques) au-delà de sa propre expérience, que je pourrais espérer fixer son intérêt et exciter son suspense, occuper ses sentiments les plus profonds, ou remuer ses pensées les plus nobles. (7)

Q : Est-ce le rôle du romancier de présenter le réalisme à ses lecteurs ?

A : Aux personnes qui ne sont pas d'accord avec les grands principes évoqués ici ; qui nient que le romancier a pour vocation de faire plus que de les amuser ; qui reculent devant toute référence honnête et sérieuse dans les livres, à des sujets auxquels ils pensent en privé et dont ils parlent en public partout ; qui voient des implications secrètes là où rien n'est sous-entendu et des allusions inappropriées là où rien d'inapproprié n'est évoqué ; dont l'innocence est dans le mot et non dans la pensée ; dont la moralité s'arrête à la langue et n'atteint jamais le coeur - à ces personnes, je considérerais que c'est une perte de temps, et même pire, que d'offrir une autre explication de mes motifs que celle, suffisante, que j'ai déjà donnée. Je ne m'adresse pas à eux dans cet entretien et ne penserai jamais à m'adresser à eux dans un autre. (8)

Q : Dans "No Name", je crois que vous avez tenté quelque chose qu'aucun romancier n'avait jamais tenté auparavant.

R : Le seul secret contenu dans le livre a été révélé au milieu du premier volume. À partir de ce moment-là, tous les événements principaux de l'histoire ont été volontairement préfigurés avant qu'ils ne se produisent - mon but étant d'éveiller l'intérêt du lecteur pour qu'il suive le fil des circonstances par lesquelles ces événements prévus se sont produits. En essayant ce nouveau terrain, je ne tournais pas le dos, dans le doute, au terrain que j'avais déjà parcouru. Mon seul objectif en suivant une nouvelle voie était d'élargir l'éventail de mes études dans l'art d'écrire des romans et de varier la forme sous laquelle je faisais appel au lecteur, de la façon la plus attrayante possible. (9)

PAS DE NOM

La première scène

Les aiguilles de l'horloge du hall indiquaient six heures et demie du matin. La maison était une résidence de campagne dans le comté de West Somerset, appelée Combe-Raven. Nous sommes le 4 mars et nous sommes en 1846.

Aucun autre bruit que le tic-tac régulier de l'horloge et le ronflement lourdaud d'un gros chien étendu sur une natte devant la porte de la salle à manger ne venait troubler la mystérieuse immobilité matinale du hall et de l'escalier. Qui étaient les dormeurs cachés dans les régions supérieures ? Laissons la maison révéler ses propres secrets ; et, un par un, en descendant l'escalier depuis leur lit, laissons les dormeurs se dévoiler.

Alors que l'horloge indiquait sept heures moins le quart, le chien se réveilla et se secoua. Après avoir attendu en vain le valet de pied qui avait l'habitude de le laisser sortir, l'animal erra sans cesse d'une porte fermée à l'autre au rez-de-chaussée ; et revenant sur sa natte dans une grande perplexité, il fit appel à la famille endormie en poussant un long hurlement mélancolique.

Avant que les dernières notes de la protestation du chien ne se soient éteintes, les escaliers de chêne des étages supérieurs de la maison grincèrent sous des pas qui descendaient lentement. Une minute plus tard, la première des servantes fit son apparition, un châle de laine miteux sur les épaules - car la matinée de mars était morne, et les rhumatismes et la cuisinière étaient de vieilles connaissances.

Recevant les premières avances cordiales du chien avec la pire grâce possible, la cuisinière ouvrit lentement la porte du hall et laissa sortir l'animal. C'était une matinée sauvage. Sur une vaste pelouse et derrière une plantation noire de sapins, le soleil levant se frayait un chemin à travers des amas de nuages gris et déchiquetés ; de lourdes gouttes de pluie tombaient peu à peu ; le vent de mars frissonnait dans les coins de la maison et les arbres mouillés se balançaient avec lassitude. (10)

Q : Je suis certaine que nos lecteurs sont intrigués et qu'ils vont se précipiter dans leur librairie pour découvrir la suite. Pour ceux qui n'ont pas lu "No

Name", pourriez-vous expliquer les prémisses du livre ?

A : L'objectif principal de l'histoire est d'attirer l'attention du lecteur sur un sujet qui a été le thème de certains des plus grands écrivains, vivants et morts - mais qui n'a jamais été, et ne peut jamais être, épuisé, parce que c'est un sujet éternellement intéressant pour toute l'humanité. C'est un livre de plus qui dépeint la lutte d'une créature humaine, sous les influences opposées du Bien et du Mal, que nous avons tous ressenties, que nous avons tous connues. (11)

Q : "Sans nom" raconte comment un brutal coup du sort altère l'existence de deux sœurs. Les romans écrits sur des sujets aussi graves sont rarement teintés d'humour.

R : J'ai cherché à donner du relief aux passages les plus sérieux du livre, non seulement parce que je pensais que les lois de l'art le justifiaient, mais aussi parce que l'expérience m'a appris qu'il n'existe pas de phénomène moral tel que la tragédie sans mélange dans le monde qui nous entoure. Regardez où vous voulez, les fils sombres et la lumière se croisent perpétuellement dans la texture de la vie humaine. (12)

Q : Aucun écrivain n'a réussi comme vous, M. Collins, à attirer les lecteurs dans le monde que vous avez créé. Un exemple parfait qui me vient immédiatement à l'esprit est votre nouvelle : "Monsieur le policier et le cuisinier" - pourriez-vous nous lire les premiers paragraphes de cette histoire ?

R : Si le temps me le permettait, je la lirais dans son intégralité. Cependant, en raison des contraintes de temps, ces quelques paragraphes doivent suffire :

M. LE POLICIER ET LE CUISINIER

Un premier mot pour moi

Avant que le docteur ne me quitte un soir, je lui ai demandé combien de temps je pouvais encore vivre. Il m'a répondu : "Ce n'est pas facile à dire ; tu peux mourir avant que je puisse revenir te voir demain matin, ou tu peux vivre jusqu'à la fin du mois".

Le lendemain matin, j'étais suffisamment en vie pour penser aux besoins de mon âme et (étant membre de l'Église catholique romaine) pour envoyer chercher le prêtre.

L'histoire de mes péchés, racontée en confession, incluait la négligence blâmable d'un devoir que je devais aux lois de mon pays. De l'avis du prêtre - et j'étais d'accord avec lui - j'étais tenu de reconnaître publiquement ma faute, comme un acte de pénitence convenant à un Anglais catholique. Nous avons donc décidé d'essayer de partager le travail. J'ai raconté les circonstances, tandis que sa révérence prenait la plume et mettait l'affaire en forme.

Voici ce qui en est résulté : - (13)

Encore une fois, mes chers lecteurs, pour savoir ce qui s'est passé, tu devras lire le livre !

Q : As-tu un conseil à donner aux futurs écrivains ?

R : Faites-les rire, faites-les pleurer, faites-les attendre. (14)

Lorsque M. Collins a fini de parler, il s'est effacé pendant une seconde, puis a disparu. Ses derniers mots ont résonné dans mon esprit, alors que je les roulais encore et encore sur ma langue : "Fais-les rire, fais-les pleurer, fais-les attendre." Des mots à suivre !

Voici quelques-unes des œuvres de M. Collins que tu devrais absolument mettre sur ta liste des ouvrages à lire absolument :

Armadale

La femme en blanc

Sans nom

La pierre de lune

Basil : Une histoire de la vie moderne

L'argent de ma femme

L'héritage de Caïn

Cache-cache

L'homme et la femme

Petits romans

Le secret des morts

La reine de coeur

Le mariage de Gabriel

Randonnées au-delà des chemins de fer

Pas de voie publique

Pauvre Mlle Finch

L'abîme gelé et autres histoires
La loi et la dame
Les feuilles mortes
Le génie du mal
La robe noire
L'hôtel hanté
L'amour aveugle
La tournée paresseuse de deux apprentis oisifs.

Pour l'instant, CHEERIO !
Cathy McGough
Ton intervieweuse des écrivains légendaires de l'au-delà

RÉVEILLON DU NOUVEL AN AVEC ROBBIE BURNS

BIENVENUE à TOUS AU Tam O'Shanter Pub. Prenez un petit verre en attendant l'arrivée de notre invité d'honneur : M. Robbie Burns !

En attendant, laisse-moi te parler un peu de lui. Robbie Burns est né le 25 janvier (aujourd'hui célébré comme le jour de Robbie Burns) dans un furieux blizzard à Ayrshire, en Écosse, en 1759. Son père était fermier, et Robbie a tout fait pour suivre ses traces, mais son cœur n'y était pas. Son cœur voulait chanter et s'envoler à travers les Highlands écossais, qu'il aimait tant.

Hélas, on a diagnostiqué chez Robbie les symptômes d'un rhumatisme cardiaque, et il n'est donc pas resté longtemps dans ce monde. Il est mort en 1796, laissant derrière lui un répertoire étonnant.

Pour mieux connaître Robbie Burns, son cœur et son esprit, tu dois lire tout ce qu'il a écrit. Car plus tu liras, plus son esprit te sera révélé.

Madame Delatour vient de me donner son accord pour qu'elle se rende dans un endroit isolé à l'arrière du pub pour contacter M. Burns, qui devrait donc être parmi nous dans quelques instants.

Pendant ce temps, j'ai demandé à la foule de plus en plus nombreuse de faire moins de bruit, afin de ne pas intimider M. Burns. Une fois qu'il sera à l'aise dans son nouvel environnement, je lui demanderai la permission d'autoriser cette bande de chahuteurs à se joindre à nous. J'espère seulement qu'ils pourront contenir leur excitation assez longtemps ! Après tout, ce pub a été nommé en l'honneur de Robbie Burns et tous ceux qui se réunissent ici le font en son nom.

Commençons par un poème que Robbie a écrit pendant une période très sombre où il envisageait de quitter l'Écosse pour toujours :

LE LAMENT

Sur les falaises enveloppées de brume de leur montagne solitaire qui s'égare,

Où les vents sauvages de l'hiver se déchaînent sans cesse,

Quels malheurs me tordent le coeur en observant attentivement

Le chemin lugubre de la tempête sur le sein de la vague !

Laissez-moi gémir, flots d'écume, avant que vous ne me jetiez au loin,

Avant de me jeter loin de mon rivage natal bien-aimé ;

Où la fleur qui s'est épanouie le plus doucement dans la vallée verte de Coila,

L'orgueil de ma poitrine, ma Marie n'est plus !

Nous ne nous promènerons plus sur les rives du ruisseau,

Et nous sourirons au visage de la lune dans l'onde ;

Mes bras ne s'attacheront plus à elle avec tendresse,

Car les gouttes de rosée du matin tombent froides sur sa tombe.

Plus jamais le doux frisson de l'amour ne réchauffera ma poitrine ;

Je me hâte avec la tempête vers un rivage lointain ;

Où mes cendres reposeront, inconnues, non regrettées,

Et la joie ne reviendra plus dans mon sein. (1)

Madame Delatour attire mon attention et me confirme que notre visiteur est arrivé.

J'ai pris une bouteille de whisky écossais Glenfiddich Malt, plusieurs verres, des noix mélangées et des bretzels, puis je me suis rendu dans l'arrière-salle. Le propriétaire du pub a proposé à sa serveuse plutôt plantureuse d'apporter le tout sur un plateau, mais très franchement, je n'avais ni envie ni besoin de la concurrence pour attirer l'attention de M. Burns.

La salle bourdonnait d'impatience à l'idée de l'arrivée du barde. J'ai tenté de capter leur attention sans succès. Finalement, j'ai dû recourir à un assaut complet de leurs oreilles avec un grand coup de sifflet de capitaine, que j'arborais autour de mon cou.

Dieu merci, la clameur s'est arrêtée instantanément, ce qui m'a donné l'occasion de leur demander de faire moins de bruit. Après tout, nous ne voulions pas effrayer M. Burns.

Son nom a déclenché un autre rugissement tumultueux, que j'ai fait taire en proposant d'acheter la prochaine tournée de boissons et en me sauvant de là. J'ai regardé par-dessus mon épaule le chaos que j'avais créé et j'ai espéré que le barman me pardonnerait.

Lorsque j'ai jeté un coup d'œil par le hublot qui donnait sur l'arrière-boutique et que j'ai vu Robbie Burns debout, j'ai sursauté.

Il mesurait près d'un mètre quatre-vingt, avait les cheveux noirs comme du charbon et, même de loin, je pouvais voir qu'il avait des yeux sombres et mystérieux. Des yeux que je classerais facilement dans la catégorie des yeux de chambre à coucher - et j'ai su immédiatement pourquoi il avait une telle réputation auprès des dames.

Madame Delatour était assise et le regardait en battant des paupières lorsque je suis entrée dans la pièce et que je me suis présentée. Mes genoux ont faibli lorsqu'il m'a pris le lourd plateau des mains et l'a posé sur la table. Il a ensuite versé un verre de scotch pour chacun d'entre nous et a souri en parcourant la pièce des yeux.

Impatient de commencer l'entretien, j'ai fait les yeux doux à Madame Delatour - d'elle à la porte, puis de nouveau à elle - mais elle n'a pas semblé comprendre l'allusion.

Comme le temps passait, je n'ai pas eu le choix - et je lui ai donné un petit coup de pied sous la table. Cela a semblé faire l'affaire.

Madame Delatour est sortie, sous prétexte de nous offrir un peu d'intimité, puis m'a fait rouler des yeux en se heurtant aux portes battantes.

Bien qu'elle se soit excusée de nous laisser à notre entretien, j'étais sûre qu'elle était partie chez les dames pour se donner un petit coup d'eau froide sur le visage. Monsieur Burns avait fait forte impression sur Madame Delatour.

En quelques secondes, j'ai été moins frappée par les étoiles et j'ai souhaité la bienvenue à M. Burns au Tam o'Shanter Pub de Sydney, en Australie.

Au cas où Blanchetta ne l'aurait pas informé, j'ai expliqué que nous étions sur le point d'inaugurer l'année 2003. C'est alors que notre entretien a commencé.

Q : Qui t'a inspiré quand tu étais enfant ?

R : À l'époque de mon enfance et de mon adolescence, je dois beaucoup à une vieille femme nommée Betty Davidson qui a été recueillie par notre famille. Betty était remarquable par son ignorance, sa crédulité et sa superstition. Elle possédait, je suppose, la plus grande collection du pays de contes et de chansons concernant les diables, les fantômes, les fées, les brownies, les sorcières, les sorciers, les spunkies, les kelpies, les elf-candles, les dead-lights, les wraiths, les apparitions, les cantraips, les géants, les tours enchantées, les dragons et d'autres tromperies. Cela a cultivé les graines latentes de la poésie, mais a eu un effet si fort sur mon imagination qu'aujourd'hui encore, lors de mes promenades nocturnes, il m'arrive de faire le guet dans des endroits suspects ; et bien que personne ne puisse être plus sceptique que moi en la matière, il faut souvent un effort de philosophie pour se débarrasser de ces vaines terreurs. (2)

Q : Tes talents d'écrivain ont-ils été reconnus à l'époque ?

R : Quand j'étais enfant, je me distinguais par ma mémoire rétentive, mon caractère têtu et robuste et une piété idiote enthousiaste. Je dis piété idiote, parce que je n'étais alors qu'un enfant. Bien que cela ait coûté quelques coups de fouet au maître d'école, j'ai fait un excellent élève d'anglais et, à l'âge de dix ou onze ans, j'étais un critique en matière de substantifs, de verbes et de particules. (3)

Q : Quels livres, s'il y en a, ont captivé ton imagination quand tu étais enfant ?

R : Les deux premiers livres que j'ai lus en privé, et qui m'ont donné plus de plaisir que tous les livres que j'ai lus depuis, étaient "La vie d'Hannibal" et "L'histoire de Sir William Wallace."

Hannibal a donné à mes jeunes idées une telle tournure que je me pavanais avec ravissement de haut en bas après le tambour de recrutement et la cornemuse, et je me souhaitais assez grand pour être soldat ; tandis que l'histoire de Wallace a versé dans mes veines un préjugé écossais qui restera toujours dans mon cœur et dans mon esprit. (4)

Q : Pourquoi as-tu commencé à écrire des poèmes ?

R : Pour me divertir avec les petites créations de ma propre fantaisie, au milieu du labeur et de la fatigue d'une vie laborieuse ; pour transcrire les divers sentiments - les amours, les chagrins, les espoirs, les craintes - dans ma propre poitrine ; pour trouver une sorte de contrepoids aux luttes d'un monde, toujours une scène étrangère, une tâche impropre à l'esprit poétique - tels étaient les motifs qui me poussaient à courtiser les Muses, et en cela j'ai trouvé que la Poésie était sa propre récompense. (5)

Q : Tu n'as jamais envisagé d'être publié ?

R : Aucune de mes œuvres n'a été composée en vue de la presse. Bien que rimeur depuis mon plus jeune âge, du moins depuis la première impulsion des passions les plus douces, ce n'est que très tard que les applaudissements, peut-être la partialité, de l'amitié, ont éveillé ma vanité au point de me faire penser que mes œuvres valaient la peine d'être montrées. (6)

Q : Une fois que tu as vu tes œuvres imprimées, tu as sûrement su que tu étais un poète talentueux ?

R : C'est avec crainte et tremblement que je me suis présenté au public. Moi, un barde obscur et sans nom, je reculais à l'idée d'être considéré comme un imbécile impertinent, qui imposait ses absurdités au monde, et, parce que je pouvais me débrouiller pour assembler quelques rimes écossaises sans queue ni tête, je me considérais comme un poète sans importance, pour ainsi dire ! (7)

Q : Comment en es-tu venu à écrire ta première chanson ?

R : Le génie poétique de mon pays m'a trouvé à la charrue et a jeté sur moi son manteau d'inspiration. Elle m'a demandé de chanter les amours, les joies, les scènes rurales et les plaisirs ruraux de mon sol natal, dans ma langue maternelle ; j'ai tourné mes notes sauvages et sans art comme elle me l'a inspiré. Elle m'a murmuré de venir dans cette ancienne métropole de Calédonie et de placer mes chansons sous sa protection honorée : J'ai donc obéi à ses ordres. En tant qu'agriculteurs, nous avions la coutume d'associer un homme et une femme pour les travaux de la moisson. À mon quinzième automne, ma partenaire était une créature envoûtante, d'un an plus jeune que moi.

Mon manque d'anglais m'empêche de lui rendre justice dans cette langue ; mais tu connais l'idiome écossais - c'était une bonnie, sweet, sonsie lass. En bref, elle m'a initié, tout à fait à son insu, à cette délicieuse passion qui, en dépit de la déception acide, de la prudence de cheval de gin et de la philosophie de rat de bibliothèque, est pour moi la première des joies humaines, notre bénédiction la plus chère ! Parmi ses autres qualités inspirant l'amour, elle chantait doucement, et c'est sa chanson préférée à laquelle j'ai essayé de donner un véhicule incarné en rimes.

Lorsque ma fille a chanté une chanson qui était censée avoir été composée par le fils d'un petit laird de campagne, je n'ai vu aucune raison de ne pas rimer aussi bien que lui. (8)

Madame Delatour était de retour - elle nous espionnait par le hublot. Heureusement, M. Burns n'a pas pu voir qu'elle était un petit singe effronté. Elle a essayé de lui envoyer des baisers, mais elle n'a pas réussi à le faire se retourner. Embêtée et déconcertée, elle a abandonné !

Q : Elle s'appelait Mary Campbell : ton premier amour. Parle-moi d'elle.

R : Mary a consenti à devenir ma femme. Nous devions être séparés et nous nous sommes rencontrés en secret le deuxième dimanche de mai, dans un endroit isolé sur les rives de l'Ayr. Nous nous tenions de part et d'autre d'un petit ruisseau ronronnant. Nous avons trempé nos mains dans le ruisseau limpide et, tenant une Bible entre nous, nous avons prononcé nos vœux l'un envers l'autre. Nous avons ensuite échangé nos bibles. Dans celle que j'ai donnée à Marie, j'avais écrit "Et vous ne jurerez pas faussement par mon nom. Je suis le Seigneur. Tu ne te jureras pas toi-même, mais tu t'acquitteras envers l'Éternel des serments que tu auras faits." (9)

Q : Robbie, tu seras très heureux d'apprendre que très Bible a été préservée et placée dans le monument de Mary. (10)

Robbie sortit son mouchoir et essuya les larmes de ses yeux tout en commençant à réciter :

À MARIE DANS LE CIEL
Toi, l'étoile qui s'attarde, dont le rayon s'affaiblit,
Qui aime à saluer le petit matin,
Encore une fois, tu t'enfuis dans le jour.
Ma Marie a été arrachée à mon âme. (11)

J'ai servi à Robbie un autre verre, qu'il a rejeté et a poussé son verre vers moi pour en obtenir un autre. Je m'émerveille de voir comment l'amour peut exister dans le temps et l'espace et je retiens une très forte envie de le prendre dans mes bras et de le réconforter. Au lieu de cela, j'ai gardé l'esprit concentré et je suis passée à la question suivante.

Q : Quel conseil donneriez-vous aux écrivains en 2003 et au-delà ?

R : Le meilleur conseil que je puisse vous donner est de vous connaître vous-même. Fais de toi une étude constante. Pèse-toi, compare-toi aux autres. Observez tous les moyens d'information, pour voir quel terrain vous occupez en tant que personne et en tant que poète. Étudie assidûment la conception et la formation de la nature - pour voir où les lumières et les ombres de ton caractère sont destinées. (12)

Tout à coup, les cornemuses se sont mises à sonner. Il ne reste plus que quelques minutes avant minuit !

Q : Pourriez-vous chanter quelques chansons pour nous aider à fêter la nouvelle année ? Un public attend dehors pour vous rencontrer. Puis-je leur demander de se joindre à nous ?

R : Je dis toujours que plus on est de fous, plus on rit.

Robbie commence à chanter tandis que les joueurs de cornemuse entrent dans la salle et le rejoignent :

A RED, RED, ROSE

O, mon amour est comme une rose rouge, rouge,
Qui vient d'éclore en juin :
O, my luve's like the melodie
Qui est doucement jouée au diapason.

Tu es aussi belle que toi, ma belle fille,
Je suis profondément amoureux ;
Et je t'aimerai toujours, ma chère,
Jusqu'à ce que les mers s'assèchent.
Jusqu'à ce que les mers s'assèchent, ma chère,
Et que les rochers fondent avec le soleil :
Je t'aimerai toujours, ma chérie,
Jusqu'à ce que les sables de la vie s'écoulent.
Et loin de toi, mon seul amour !
Et laisse-toi aller un moment !
Et je reviendrai, mon amour,
Même si c'est à dix mille kilomètres. (13)

Nous sommes entrés dans un tumulte d'applaudissements, tandis que Robbie se préparait pour un rappel. Il n'était pas question qu'il sorte de là sans avoir joué plus d'un morceau !

MY HEART'S IN THE HIGHLANDS

Mon cœur est dans les Highlands, mon cœur n'est pas ici ;
Mon cœur est dans les Highlands, à la poursuite du cerf ;
Chassant le cerf sauvage, et suivant le chevreuil -
Mon cœur est dans les Highlands, où que j'aille.
Adieu aux Highlands, adieu au Nord !
Le berceau de la vaillance, le pays de la valeur ;
Où que j'erre, où que j'erre,

Les collines des Highlands, je les aime pour toujours.

Adieu aux montagnes couvertes de neige !

Adieu aux straths et aux vertes vallées en contrebas !

Adieu aux forêts et aux bois sauvages !

Adieu aux torrents et aux inondations bruyantes !

Mon cœur est dans les Highlands, mon cœur n'est pas ici,

Mon cœur est dans les Highlands, à la poursuite des cerfs ;

Poursuivant le cerf sauvage, et suivant le chevreuil -

Mon cœur est dans les Highlands, où que j'aille. (14)

Les bouchons ont sauté et le champagne a coulé à flots dans toute la salle. Lorsque Robbie a fini de chanter et a pris son verre en main, le compte à rebours a commencé :

"10, 9, 8, 7, 6, 5, 4, 3, 2, 1 - BONNE ANNÉE !"

Nous nous sommes tous mis debout, épaule contre épaule, les bras autour des autres et avons commencé à chanter :

AULD LANG SYNE

Les vieilles connaissances devraient-elles être oubliées ?

Et ne jamais s'en souvenir ?

Faut-il oublier une vieille connaissance,
Et auld lang syne ?
Cho - Pour auld lang syne, ma chère,
Pour auld lang syne,
Nous prendrons une tasse de gentillesse encore
Pour auld lang syne !
Et sûrement tu seras ton pint-stowp,
Et moi, je serai la mienne,
Et nous prendrons une tasse de bonté encore
Pour l'Auld lang syne !
Cho - Pour auld lang syne, ma chérie,
Pour le vieux lang syne,
Nous prendrons une tasse de gentillesse encore
Pour auld lang syne !
Nous sommes deux à avoir couru dans les vallées
Et pou'd the gowans fine,
Mais nous avons erré monie a weary fit
Sin' auld lang syne.
Cho - Pour auld lang syne, ma chérie,
Pour un auld lang syne,
Nous prendrons encore une tasse de bonté
Pour l'aube de l'an 2000 !
Nous sommes deux à avoir payé dans la brûlure
Frae morning sun til dine,
Mais les mers entre nous ont grondé
Sin' auld lang syne.
Cho - Pour auld lang syne, ma chérie,
Pour l'auld lang syne,
Nous prendrons une tasse de bonté encore

Pour auld lang syne ! (15)

Robbie a commencé à s'effacer bien qu'il regardait toujours notre sérénade. Il est revenu, puis s'est éteint un peu plus.

Nous avons continué à chanter - car c'était le plus grand compliment que nous pouvions lui faire. Aimer son travail, ressentir et comprendre les émotions qu'il a ressenties lorsqu'il a écrit "Auld Lang Syne". C'était une tradition pour nous et ce le serait toujours. Robbie Burns s'était fait une place dans notre cœur à tous pour toujours.

J'espère que tu voudras en savoir plus sur Robbie Burns. J'applaudis ce qui suit :

On The Death of a Favourite Child (Sur la mort d'un enfant préféré)

Les droits de la femme

Tam o'Shanter

À une marguerite de montagne

Le poète souhaite la bienvenue à son amoureux Auld Lang Syne

Le jeune Highland Rover

La complainte

L'épitaphe d'un barde

Une nuit d'hiver

Épigramme adressée à un artiste

Sa réponse

L'hiver : Une Dirge

J'aime mon amour en secret

Line's On the Author's Death (en anglais seulement)

Les montagnes sauvages et moussues
Sur les mers et au loin
Une vision
L'hiver de la vie
Un violoniste dans le Nord
Une dédicace
Anna, tes charmes
Château Gordon
Allez, doux oiseau, et apaisez mes soucis
La nuit est longue et lugubre
Lignes sur la mort de l'auteur
L'homme est fait pour pleurer : un chant
La loi de la nature - un poème.

Beannachd leat !
Cathy McGough
Ton intervieweuse des écrivains légendaires de l'au-delà

TWAIN EXPLIQUE CE QU'IL Y A DANS UN NOM

BONJOUR à TOUS ! Avant l'arrivée de notre invité d'honneur, je veux juste prendre un moment pour te révéler quelque chose.

Avant de commencer à préparer cette interview, je ne savais rien de Mark Twain. Je pensais le connaître - j'avais lu : "Le prince et le pauvre", "Les aventures de Tom Sawyer", "Huckleberry Finn" et "Pudd'n'head Wilson". Je pensais avoir compris l'homme qui se cachait derrière ces livres, mais je me trompais.

Je n'entrerai pas ici dans les détails de la vie personnelle de Mark Twain, mais avant qu'il n'arrive, je dois te dire que si tu ne lis rien sur l'homme, tu ne pourras jamais comprendre ses écrits. Certes, tu auras peut-être une compréhension superficielle, mais tu ne pourras pas voir qu'il était plus que le plus grand bouffon de l'Amérique. Il était aussi l'un des philosophes les plus profonds de l'Amérique.

Samuel Langhorne Clemens est né le 30 novembre 1835 à Florida, dans le Missouri. Avant d'avoir trente ans, il a été témoin de nombreuses et graves injustices, dont un jeune garçon ne devrait jamais être témoin. La tragédie a entouré M. Twain dans sa vie personnelle et à travers les cruautés qu'il a vues dans le monde qui l'entourait. À ce moment-là, il était tellement dégoûté de la vie qu'il s'est mis un pistolet chargé sur la tempe, mais il s'est rendu compte qu'il n'avait pas le courage d'appuyer sur la gâchette. (1)

Alors que je réfléchissais à ce que le monde aurait manqué si M. Twain s'était suicidé -

j'ai levé les yeux et je l'ai vu marcher vers moi. Il portait un pantalon blanc, un chapeau blanc à larges bords et des chaussures marron. Dans sa main droite, il portait une pipe éteinte, et ses yeux m'ont captivé par leur douceur. Je lui ai tendu la main, lui souhaitant la bienvenue pour la deuxième fois à Sydney, en Australie. (Sa première visite remonte au 15 septembre 1885.) (2)

Il m'a fait un clin d'œil et s'est ensuite appuyé sur le balcon pour admirer la vue. Il a écouté son vieil ami, la pie, puis a pris place à mes côtés. Je lui ai offert un grand Mint Julep rafraîchissant. Il l'a bu à petites gorgées, savourant manifestement son contenu.

Q : Y a-t-il un endroit en Australie qui a captivé ton imagination ?

R : Sans hésitation, les Montagnes bleues. Elles portent bien leur nom. "My word !" comme disent les Australiens, mais c'était une couleur étonnante que ce bleu. Profond, fort, riche, exquis ; des masses de bleu imposantes et majestueuses - un bleu doucement lumineux, un bleu qui couve, comme s'il était vaguement éclairé par des feux à l'intérieur. Il a éteint le bleu du ciel, l'a rendu pâle et malsain, blanc et délavé. Une couleur merveilleuse - tout simplement divine.

Un habitant m'a dit que ce n'était pas des montagnes, mais des tas de lapins. Il m'a expliqué qu'une longue exposition et l'état trop mûr des lapins étaient à l'origine de leur couleur bleue.

Cet homme avait peut-être raison, mais de nombreuses lectures de livres de voyage m'ont rendu méfiant à l'égard des informations gratuites fournies par des résidents non officiels d'un pays. Les faits que ces personnes communiquent aux voyageurs sont généralement erronés, et souvent de manière intempestive. La peste des lapins a en effet été très grave en Australie, et elle pourrait être à l'origine d'une montagne, mais pas d'une chaîne de montagnes, me semble-t-il. C'est un ordre trop important. (3)

Q : Y a-t-il autre chose que tu aimerais mentionner ?

R : Oui, en effet ! La Melbourne Cup - la fête nationale australasienne. Il serait difficile de surestimer son importance. Elle éclipse toutes les autres fêtes et journées spécialisées de quelque sorte que ce soit dans ce conglomérat de colonies. Les éclipser ? Je pourrais presque dire qu'elle les efface.

Chacun d'entre eux attire l'attention, mais pas celle de tout le monde ; chacun d'entre eux suscite l'intérêt, mais pas celui de tout le monde ; chacun d'entre eux suscite l'enthousiasme, mais pas celui de tout le monde ; dans chaque cas, une partie de l'attention, de l'intérêt et de l'enthousiasme est une question d'habitude et de coutume, et une autre partie est officielle et superficielle. La Journée de la Coupe, et uniquement la Journée de la Coupe, suscite une attention, un intérêt et un enthousiasme universels - et spontanés, pas superficiels.

La Journée de la Coupe est suprême, elle n'a pas de rival. Je ne vois aucune journée annuelle spécialisée, dans aucun pays, qui puisse être désignée par ce grand nom - Suprême. Je ne connais pas de journée annuelle spécialisée, dans quelque pays que ce soit, dont l'approche déclenche dans tout le pays une conflagration de conversations, de préparatifs, d'anticipation et de jubilation. Il n'y a pas d'autre jour que celui-ci, mais c'est celui-là qui le fait. (4)

Q : Comment as-tu choisi ton nom ?

R : Je voulais quelque chose de bref, de net, de précis, d'inoubliable. J'ai essayé de nombreuses combinaisons, mais aucune ne m'a semblé convaincante. Puis, en 1863, j'ai appris qu'un vieux pilote que j'avais connu, Isaiah Sellers, était mort. Aussitôt, le nom de plume du capitaine Sellers m'est venu à l'esprit. C'était ça, c'était le genre de nom que je voulais. Il n'était pas insignifiant ; il avait toutes les qualités requises - Sellers n'en aurait plus jamais besoin. C'est dans cette optique que le nom Mark Twain m'est venu à l'esprit. C'était un vieux terme de rivière, un appel de l'homme de tête, qui signifiait deux brasses - douze pieds. C'était un terme riche ; c'était toujours un son agréable à entendre pour un pilote par une nuit sombre ; cela signifiait que l'eau était sûre. (5)

Q : Tu as voyagé dans le monde entier, quel est l'endroit ou la chose qui t'a le plus impressionné ?

R : La tombe d'Adam ! Comme ce fut émouvant, en terre étrangère, loin de ma maison, de mes amis et de tous ceux qui s'occupaient de moi, de découvrir ainsi la tombe d'un parent de sang. Certes, un parent éloigné, mais un parent quand même. L'instinct infaillible de la nature a fait vibrer sa reconnaissance. La source de mon affection filiale a été remuée dans ses profondeurs, et j'ai cédé à une émotion tumultueuse. Je me suis appuyé sur un pilier et j'ai fondu en larmes. Je n'ai pas honte d'avoir pleuré sur la tombe de mon pauvre parent décédé. Que celui qui se moque de mon émotion se rende lui-même en Terre

Sainte et voie comment ses émotions sont affectées. (6)

Q : Tom a appris une précieuse leçon le samedi où sa tante Polly lui a fait blanchir sa clôture. Pourrais-tu nous lire ce passage ?

R : Ah oui, Tom, toujours aussi entreprenant :

LES AVENTURES DE TOM SAWYER

Tom se dit qu'après tout, le monde n'était pas si creux que ça. Il avait découvert une grande loi de l'action humaine, sans le savoir, à savoir que, pour qu'un homme ou un garçon convoite une chose, il suffit de rendre cette chose difficile à atteindre. S'il avait été un grand et sage philosophe, comme l'auteur de ce livre, il aurait maintenant compris que le travail consiste en tout ce qu'un corps est obligé de faire, et que le jeu consiste en tout ce qu'un corps n'est pas obligé de faire. Et cela l'aiderait à comprendre pourquoi construire des fleurs artificielles ou faire du tapis roulant est un travail, alors que faire rouler des quilles ou escalader le Mont Blanc n'est qu'un amusement. En Angleterre, il y a des hommes riches qui conduisent des voitures de tourisme à quatre chevaux sur une ligne quotidienne de vingt ou trente miles, en été, parce que ce privilège leur coûte beaucoup d'argent ; mais si on leur offrait un salaire pour ce service qui se transformerait en travail, ils démissionneraient. (7)

Q : Mon fils est sur le point de commencer sa première année d'école. As-tu des conseils à lui donner ?

R : Dis-lui, lorsqu'une brute veut se battre avec lui, d'enlever son manteau, lentement et délibérément, et de le regarder droit dans les yeux. Ensuite, toujours lentement et délibérément, enlève son gilet. Puis retrousse ses manches et continue à le regarder droit dans les yeux. Et si, à ce moment-là, son adversaire ne s'est pas enfui, il ferait mieux de s'enfuir lui-même. (8)

Q : Quel trésor vous avez créé avec le personnage de Pudd'n'head Wilson, si plein d'humour et de sagesse. Avez-vous une citation préférée tirée de ce livre ?

R : Il n'y a pas de caractère, aussi bon et fin soit-il, mais il peut être détruit par le ridicule, aussi pauvre et sans esprit soit-il. Observez l'âne, par exemple : son caractère est à peu près parfait, c'est l'esprit le plus choisi parmi tous les animaux les plus humbles, et pourtant voyez à quoi le ridicule l'a conduit. Au lieu de se sentir complimenté, quand on nous traite d'âne, nous restons dans le doute. (9)

Q : J'ai découvert un poème anti-guerre percutant dans ton recueil. Peux-tu m'expliquer comment tu en es venu à l'écrire ?

R : L'histoire de l'humanité n'est guère plus qu'un résumé des effusions de sang humain. Il y eut d'abord une longue série de guerres inconnues, de meurtres et de massacres... Puis vinrent les guerres assyriennes... Ensuite, nous eûmes les guerres égyptiennes, les guerres grecques, les guerres romaines, d'affreuses effusions de sang sur la terre... Et toujours des guerres, encore des guerres - dans toute l'Europe, dans le monde entier. Parfois dans l'intérêt privé de familles royales, parfois pour écraser une nation faible ; mais jamais une guerre déclenchée par un agresseur dans un but propre - il n'y a pas de guerre de ce genre dans l'histoire de la race. (10)

Q : Pourrais-tu nous la lire ?

R : Je la connais par cœur :

LA PRIÈRE DE GUERRE

Ô Seigneur notre Dieu, aide-nous à réduire leurs soldats en lambeaux sanglants avec nos obus ; aide-nous à couvrir leurs champs souriants des formes pâles de leurs morts patriotes ; aide-nous à noyer le tonnerre des canons avec les cris de leurs blessés qui se tordent de douleur ; aide-nous à dévaster leurs humbles maisons avec un ouragan de feu ; aide-nous à tordre les cœurs de leurs veuves inoffensives avec un chagrin insoutenable ; aide-nous à les expulser sans toit avec leurs petits enfants pour qu'ils errent sans amis à travers les étendues de leur terre désolée, en haillons, affamés et assoiffés, en proie aux flammes du soleil de l'été et aux vents glacés de l'hiver, l'esprit brisé, usé par le labeur, implorant le refuge de la tombe et le refusant - pour notre bien à nous qui t'adorons, Seigneur, détruis leurs espoirs, flétris leurs vies, protège leur pèlerinage amer, alourdit leurs pas, arrose leur chemin de larmes, tache la neige blanche du sang de leurs pieds blessés ! Exauce notre prière, Seigneur, et à Toi la louange et la gloire, maintenant et à jamais, Amen. (11)

Q : Quel est le moyen le plus rapide de capter le cœur d'un auteur ?

R : Il y a trois façons infaillibles de plaire à un auteur, les trois forment une échelle ascendante de compliments : 1. lui dire que tu as lu un de ses livres ; 2. lui dire que tu as lu tous ses livres ; 3. lui demander de te faire lire le manuscrit de son prochain livre. Le n° 1 t'admet à son respect ; le n° 2 t'admet à son admiration ; le n° 3 te fait entrer de plain-pied dans son cœur. (12)

Q : Pensez-vous qu'Horace avait raison de dire "Aucun écrivain ne peut faire pleurer les autres s'il n'a pas lui-même pleuré" ? (13)

R : Les mots ne réalisent rien, ne vivifient rien pour vous, à moins que vous n'ayez souffert dans votre propre personne de la chose que les mots essaient de décrire. (14)

Q : Avez-vous un conseil à donner aux écrivains de l'année 2003 et au-delà ?

R : Utilisez un langage simple et clair, des mots courts et des phrases brèves. C'est la façon d'écrire l'anglais - c'est la façon moderne et la meilleure.

Tiens-toi en à cela ; ne laisse pas les fioritures, les fleurs et la verbosité s'insinuer. Lorsque tu attrapes un adjectif, tue-le. Non, je ne veux pas dire complètement, mais tue la plupart d'entre eux - le reste aura alors de la valeur. Ils affaiblissent lorsqu'ils sont proches les uns des autres. Ils donnent de la force lorsqu'ils sont très éloignés les uns des autres. Une habitude d'adjectif, ou une habitude verbeuse, diffuse, fleurie, une fois fixée sur une personne, est aussi difficile à se débarrasser que n'importe quel autre vice. (15)

Q : Je crois que tu as une fable pour démontrer ton point de vue ?

R : Oui, en effet, j'en ai une !

UNE FABLE

Il était une fois un artiste qui avait peint un petit tableau très beau et qui l'avait placé de façon à ce qu'il puisse le voir dans le miroir. Il dit : "Cela double la distance et l'adoucit, et il est deux fois plus beau qu'il ne l'était auparavant."

Les animaux des bois l'apprirent par le chat domestique, qu'ils admiraient beaucoup parce qu'il était si savant, si raffiné et civilisé, si poli et si élevé, et qu'il pouvait leur dire tant de choses qu'ils ne savaient pas avant, et dont ils n'étaient pas sûrs par la suite. Ils étaient très excités par ces nouveaux potins et posaient des questions pour bien les comprendre.

Ils demandèrent ce qu'était une image et le chat expliqua.

"C'est une chose plate, dit-il, merveilleusement plate, merveilleusement plate, merveilleusement plate et élégante. Et oh, tellement, beau !"

Cela les excita presque jusqu'à la frénésie et ils dirent qu'ils donneraient le monde pour le voir.

L'ours demanda alors : "Qu'est-ce qui le rend si beau ?"

"C'est son aspect", répondit le chat.

Cela les remplit d'admiration et d'incertitude, et ils étaient plus excités que jamais.

La vache demanda alors : "Qu'est-ce qu'un miroir ?"

"C'est un trou dans le mur", répondit le chat. "Tu regardes dedans, et là tu vois l'image, et elle est si délicate et charmante et éthérée et inspirante dans sa beauté inimaginable que ta tête tourne dans tous les sens, et tu te pâmes presque d'extase."

L'âne n'avait encore rien dit ; il commença maintenant à jeter des doutes. Il a dit qu'il n'y avait jamais rien eu d'aussi beau que cela auparavant, et que ce n'était probablement pas le cas maintenant. Il a dit que lorsqu'il fallait tout un panier d'adjectifs sesquipédaliens pour mettre la pâtée à une chose de beauté, il était temps de se méfier.

Il était facile de voir que ces doutes avaient un effet sur les animaux, alors le chat s'en est allé, vexé. Le sujet a été abandonné pendant quelques jours, mais entre-temps, la curiosité a pris un nouveau départ, et un regain d'intérêt était perceptible. Les animaux attaquèrent alors l'âne pour avoir gâché ce qui aurait pu être un plaisir pour eux, sur un simple soupçon que l'image n'était pas belle, sans aucune preuve que c'était le cas. L'âne ne se laissa pas troubler ; il resta calme et dit qu'il n'y avait qu'une seule façon de savoir qui avait raison, lui ou le chat : il irait regarder dans ce trou et reviendrait raconter ce qu'il y avait trouvé. Les animaux se sentirent soulagés et reconnaissants, et lui demandèrent de partir immédiatement - ce qu'il fit.

Mais il ne savait pas où il devait se placer et, par erreur, il se plaça entre le tableau et le miroir. Le résultat fut que le tableau n'eut aucune chance et n'apparut pas.

Il rentra chez lui et dit : "Le chat a menti. Il n'y avait rien d'autre dans ce trou qu'un cul. Il n'y avait pas le moindre signe d'une chose plate visible. C'était un beau cul, et sympathique, mais juste un cul et rien de plus."

L'éléphant demanda : "L'as-tu bien vu ? Étais-tu près de lui ?"

"Je l'ai bien vu, ô Hathi, roi des bêtes. J'étais si près d'elle que je me suis touché le nez avec elle."

"C'est très étrange", dit l'éléphant ; "le chat a toujours dit la vérité auparavant - pour autant que nous ayons pu nous en rendre compte. Laisse un autre témoin essayer. Va, Baloo, regarde dans le trou et reviens faire ton rapport."

L'ours partit donc. À son retour, il dit : "Le chat et l'âne ont tous deux menti ; il n'y avait rien d'autre dans le trou qu'un ours."

La surprise et la perplexité des animaux furent grandes. Chacun était maintenant impatient de faire le test lui-même et d'obtenir la vérité pure et simple. L'éléphant les envoya l'un après l'autre.

D'abord la vache. Elle ne trouva rien d'autre dans le trou qu'une vache.

Le tigre n'y trouva rien d'autre qu'un tigre.

Le lion n'y a rien trouvé d'autre qu'un lion.

Le léopard n'a rien trouvé d'autre qu'un léopard.

Le chameau a trouvé un chameau, et rien d'autre.

Hathi se mit en colère et dit qu'il voulait la vérité, même s'il devait aller la chercher lui-même. Lorsqu'il revint, il se mit à traiter les menteurs de tous ses sujets et fut pris d'une fureur inextinguible face à la cécité morale et mentale du chat. Il déclara que n'importe qui, sauf un myope, pouvait voir qu'il n'y avait rien d'autre dans le trou qu'un éléphant.

MORALE, PAR LE CHAT

Tu peux trouver dans un texte tout ce que tu apportes si tu veux bien te placer entre lui et le miroir de ton imagination. Tu ne verras peut-être pas tes oreilles, mais elles seront là. (16)

Lorsqu'il a terminé, M. Twain a commencé à me quitter. Je voulais lui parler de son étoile sur la "Promenade des écrivains" à Circular Quay. Je lui en ai parlé brièvement, tandis qu'il s'effaçait et disparaissait. Je voulais en dire plus - malheureusement, il a disparu. Les ouvrages suivants reçoivent mes plus grands éloges :

Following The Equator

Les aventures de Tom Sawyer

La vie sur le Mississippi

Les Innocents à l'étranger

Le prince et le pauvre

Pudd'n'head Wilson

Le journal d'Adam

Le mystérieux étranger

Un Yankee du Connecticut à la Cour du Roi Auteur

Shakespeare est-il mort ?

Un monument à Adam

Un mot humain de Satan

Comment raconter une histoire

Mon premier mensonge et comment je m'en suis sorti

L'homme qui a corrompu Hadleyburg

Était-ce le paradis ? Ou l'enfer ?

À bientôt !

Cathy McGough

Ton intervieweuse des écrivains légendaires de l'au-delà

COLERIDGE ET LE FRUIT DE LA PASSION

Bonjour à toutes et à tous ! Aujourd'hui, nous allons faire la connaissance de Samuel Taylor Coleridge, qui est né le 21 octobre 1772. Samuel était le plus jeune fils du recteur d'Ottery, St. Mary's dans le Devonshire, en Angleterre.

M. Coleridge est un écrivain rare, car il possédait la remarquable combinaison du philosophe, du critique et du poète, tous réunis en un seul. En tant que philosophe et critique, M. Coleridge pouvait voir les résultats de son travail instantanément. Cependant, en tant que poète, M. Coleridge devait attendre que sa muse lui offre l'inspiration.

En tant que poète, M. Coleridge a été appelé "l'apôtre de la beauté" (1), ce qui est un titre plutôt intimidant pour quiconque.

M. Coleridge a atteint ce statut en écrivant des strophes comme celles des anciennes ballades populaires telles que "The Rime of the Ancient Mariner". Cette œuvre a été racontée en sept parties, et nombreux sont ceux qui, aujourd'hui encore, la considèrent comme son plus grand chef-d'œuvre.

En attendant son arrivée, je vais lire pour toi la troisième partie du poème :

LE RIME DE
L'ANCIEN MARIN

S'agit-il de ses côtes à travers lesquelles le soleil
a regardé, comme à travers une grille ?
Et cette femme, c'est tout son équipage ?
Est-ce une mort ? Et y en a-t-il deux ?
La Mort est-elle la compagne de cette femme ?

Ses lèvres étaient rouges, son regard était libre,
Ses cheveux étaient jaunes comme l'or :
Sa peau était blanche comme la lèpre,
C'était la vie du cauchemar de la nuit dans la mort,
Qui épaissit le sang de l'homme par le froid.

La carcasse nue arriva à son tour,
Et tous deux lancent les dés ;
Le jeu est fait ! J'ai gagné ! J'ai gagné !
Elle dit, et siffle trois fois. (2)

J'ai levé les yeux de mon livre bleu à couverture rigide contenant des trésors, pour trouver Samuel Taylor Coleridge traversant mon salon où il m'a rejoint sur notre patio.

Il n'était pas grand, mais corpulent, et avait des cheveux très noirs. Je me suis souvenu avoir lu que M. Coleridge s'était un jour décrit comme un "grand paresseux"." (3)

Alors qu'il traversait la pièce, j'ai eu le sentiment qu'il s'était rendu gravement injuste. M. Coleridge ne s'habillait pas de façon élégante, mais il était d'une gentillesse adorable, comme un ours en peluche.

Nous avons échangé nos salutations et je lui ai proposé de s'asseoir. Il a exprimé sa préférence, qui était de se promener dans le jardin.

Je l'ai encouragé, en lui montrant des fruits de la passion mûrs, qui étaient lourds sur leur liane.

Il a semblé fasciné par ces fruits, en a pris un dans ses mains et l'a enveloppé comme s'il s'agissait d'un objet précieux. Il l'a reniflé et l'a retourné.

Je lui ai demandé s'il voulait le goûter et je me suis précipitée dans la cuisine pour chercher un couteau et une planche à découper.

Il a placé le fruit sur la planche et a semblé très intéressé au début, mais lorsque je l'ai coupé en deux, il a perdu toute envie. Il a regardé les grosses graines noires au milieu de la pulpe jaunâtre et s'est détourné avec dégoût.

Cela étant terminé, il s'est déplacé dans le jardin avec les mains jointes dans le dos pendant un court moment, puis il s'est tourné brusquement dans ma direction où il attendait ma première question.

Q : M. Coleridge, comment étiez-vous enfant ?

R : Quand j'étais enfant, je jouais toujours seul. Je mettais en scène des livres, faisant semblant d'être un héros comme le roi Arthur, Hamlet ou Robinson Crusoé. (4)

Q : Ta vie est devenue plus solitaire et plus difficile lorsque ton père est mort et que tu as été envoyé vivre avec ton oncle. Aimerais-tu partager des souvenirs de cette période ?

R : Mon oncle m'a envoyé à l'hôpital du Christ, une célèbre école de charité pour les élèves en blouse bleue. Tous les matins, un peu de pain sec et de la bière qui sentait mauvais. Tous les soirs, un gros morceau de pain et du fromage ou du beurre..... Sauf le mercredi, je n'ai jamais eu le ventre plein. Nos appétits étaient amortis, jamais satisfaits ; nous n'avions pas de légumes.

Les jours, les plus difficiles étaient les jours de vacances. La famille et les amis nous rendaient visite. Ceux qui restaient, ceux qui n'avaient ni famille ni amis enduraient une journée où les portes étaient fermées du matin jusqu'au soir. En de rares occasions, je m'échappais seul à Londres et me cachais dans les marchés en attendant que le temps passe. (5)

Q : Qui était "Silas Titus Comberbach" ?

R : Silas Titus Comberbach est un nom que j'ai inventé pendant ma deuxième année à Cambridge. J'ai décidé de m'engager dans un régiment de dragons. Ce n'était pas pour moi. J'étais un cavalier des plus maladroits et je ne pouvais pas rester à califourchon sur la selle. Je n'arrivais même pas à nettoyer correctement mon cheval et j'ai perdu la plupart de mon équipement. Même ma carabine s'est mise à rouiller. Mais mes camarades ne semblaient pas s'en préoccuper car je leur racontais des histoires et des poèmes. Et puis un jour, je nettoyais mon cheval dans l'écurie et j'ai trouvé un morceau de craie. J'ai écrit une inscription en latin sur le mur. Un officier a vu ce que j'avais écrit et m'a nommé officier d'ordonnance. Mon devoir était alors de marcher derrière mon officier dans les rues. Malheureusement, quelqu'un de Cambridge m'a reconnu et m'a dénoncé. Ce fut la fin de Silas Titus Comberbach. (6)

Q : Lorsque "The Rime of the Ancient Mariner" a été publié, son contenu et son style ont effrayé de nombreux lecteurs. Un critique a écrit qu'il ne provenait "d'aucun esprit normal". Peux-tu expliquer ce qui a été écrit dans le "Morning Post" ?

M. Coleridge a ri, s'est assis à côté de moi et a porté la main à son menton, puis a dit :

R : L'un des critiques du "Morning Post" a écrit : "Voici un cauchemar connu seulement d'un homme en proie à une crise d'évanouissement lorsque le sang devient froid et que la sueur fond silencieusement sur ses membres."

Il était clair pour moi que de nombreux lecteurs ne pouvaient pas le comprendre, et l'un d'entre eux a envoyé une strophe anonyme au journal, qui se lisait comme suit :

"Votre poème doit être éternel,
Cher Monsieur ! Il ne peut pas échouer,
Car il est incompréhensible,
Et sans queue ni tête."

Un ami m'a apporté le journal, en demandant avec colère : "Qui diable a pu envoyer ça ?". Je l'ai regardé dans les yeux et lui ai dit : "C'est moi". Nous sommes alors tombés tous les deux dans la pièce en riant. Et donc, la morale est la suivante : pour tromper un critique, SOYEZ un critique ! (7)

Q : Tu peux aussi les ignorer et espérer qu'ils disparaissent ! Tu ne voudrais certainement pas qu'ils aient le pouvoir de te faire abandonner l'écriture pour t'essayer à autre chose, comme peut-être la prédication, n'est-ce pas ? Je fais allusion à votre éphémère vocation de ministre à Bath.

A : Il y avait dix-sept personnes dans la chapelle, et alors que j'avais à peine commencé, l'une d'entre elles est sortie discrètement de la chapelle. Quelques minutes plus tard, une autre, puis une autre et encore une autre. À la fin du sermon, il ne restait plus qu'une femme âgée. Elle dormait profondément. J'ai décidé de trouver un autre moyen de gagner du pain et du fromage. (8)

Q : Pourriez-vous lire quelque chose pour moi ?

R : Certainement, chère madame :

KUBLA KHAN

À Xanadu, Kubla Khan a décrété
Un imposant dôme de plaisance ;
Là où Alph, le fleuve sacré, coulait
À travers des cavernes sans mesure pour l'homme
Jusqu'à une mer sans soleil.
Ainsi, deux fois cinq miles de terre fertile

Ceinturés de murs et de tours

Et ici, il y avait des jardins brillants avec des ruisseaux sinueux

sinueux,

Où fleurissait un grand nombre d'arbres à encens.

d'encens

Et ici, il y avait des forêts aussi anciennes que les collines,

Enchâssant des coins de verdure ensoleillés.

Mais oh ! ce profond gouffre romantique qui s'est creusé

En bas de la colline verte, au milieu d'une couverture de cèdres !

Un endroit sauvage ! Aussi saint et enchanté

Aussi saint et enchanté que jamais, sous une lune décroissante, n'a été hanté

Par une femme qui se lamente sur son amant démoniaque !

Et de ce gouffre, avec une agitation incessante bouillonnant,

Comme si cette terre, dans des pantalons épais et rapides

respirait,

Une puissante fontaine a jailli à l'instant ;

Au milieu de laquelle, dans un élan à demi inavoué

D'énormes fragments s'élancent comme des grêlons qui rebondissent

grêle rebondissante,

Ou le grain chenu sous le fléau de la batteuse.
fléau de la batteuse ;
Et au milieu de ces rochers dansants, à la fois et
toujours
La rivière sacrée s'est élancée à tout moment ;
Sur cinq milles, serpentant d'un mouvement
paresseux
A travers bois et vallons, la rivière sacrée coule,
Puis atteignit les cavernes sans mesure pour
l'homme,
Et s'enfonça dans le tumulte jusqu'à l'océan sans vie
;
Au milieu de ce tumulte, Kubla entendit de loin
Des voix ancestrales prophétisant la guerre !

L'ombre du dôme du plaisir
Flottait au milieu des vagues ;
Où l'on entendait la mesure mélangée
De la fontaine et des grottes.
C'était un miracle d'une rare efficacité,
Un dôme de plaisir ensoleillé avec des grottes de
glace !
Une demoiselle avec un dulcimer
Je l'ai vue un jour dans une vision ;
C'était une jeune fille abyssine,
Et elle jouait du dulcimer,
Chantant le mont Abora
Pourrais-je faire revivre en moi,
Sa symphonie et sa chanson,

Je m'en réjouirais si profondément,
Qu'avec de la musique forte et longue,
Je construirais ce dôme dans l'air,
Ce dôme ensoleillé ! Ces grottes de glace !
Et tous ceux qui l'entendraient devraient les y voir,
Et tous devraient crier Attention ! Méfiez-vous !
Ses yeux clignotants, ses cheveux flottants !
Et fermez les yeux avec une sainte crainte,
Car il s'est nourri de miellat,
Et bu le lait du paradis. (9)

Q : Avez-vous des conseils à donner aux poètes pour l'année 2003 et au-delà ?

R : La poésie ne doit pas seulement être simple, elle doit aussi être magique. Le poète doit plonger dans les profondes citernes de son subconscient et envoyer des bulles dans le soleil sain du monde de l'expérience normale, les rivières de cristal de sa fantaisie reflétant le paysage d'un monde surnaturel aussi bien que naturel. Un poème est cette espèce de composition qui s'oppose aux œuvres scientifiques en proposant comme objet immédiat le plaisir et non la vérité ; et de toutes les autres espèces (ayant cet objet en commun avec lui) - il est discriminé en se proposant un plaisir de l'ensemble qui est compatible avec une gratification distincte de chaque partie constituante. Le bon sens est le corps du génie poétique, la fantaisie sa draperie, le mouvement sa vie, et l'imagination l'âme qui est partout et en chacun, et qui forme un tout gracieux et intelligent. Le langage de chaque homme varie, selon l'étendue de ses connaissances, l'activité de ses facultés et la profondeur ou la rapidité de ses sentiments. (10)

Q : Pourriez-vous partager un autre poème avec nous avant de quitter l'année 2003 ? Je vous remercie de m'avoir rencontrée.

R : J'aimerais vous laisser avec de l'espoir car lorsque j'étais parmi vous, je ne me trouvais jamais seul dans l'étreinte des rochers et des collines... mais mon esprit caracolait, roulait et s'agitait comme une feuille en automne ; une activité sauvage de pensées, d'imaginations, de sentiments et d'impulsions de mouvement s'élevait en moi... Plus je m'élevais loin de la nature animée... plus l'intensité du sentiment de la vie devenait grande en moi. La vie m'apparaissait alors comme un esprit universel, qui n'avait ni ne pouvait avoir d'opposé. Dieu était partout et pourtant il y avait de la place pour la mort ? (11)

LE TRAVAIL SANS ESPOIR

Toute la nature semble au travail. Les limaces quittent leur
repaire -

Les abeilles s'agitent - Les oiseaux s'envolent
l'aile -
Et l'hiver qui sommeille à l'air libre,
Porte sur son visage souriant un rêve de
Printemps !
Et moi, pendant ce temps, la seule chose inoccupée,
Ne fait pas de miel, ne s'accouple pas, ne construit
pas, ne chante pas.
chanter

Mais je connais bien les rives où les amaranthes
soufflent,
J'ai tracé la source d'où coulent les ruisseaux de
nectar,
Fleurissez, ô amaranthes ! Fleurissez pour qui vous
voulez
pour qui vous voulez,
Ce n'est pas pour moi que vous fleurissez ! Glissez,
riches ruisseaux,
au loin !
Avec des lèvres sans éclat, un front sans couronne,
je
me promène :
Et veux-tu apprendre les sortilèges qui assoupissent
mon âme ?
Le travail sans l'espoir fait couler le nectar dans un
tamis,
Et l'espoir sans objet ne peut vivre.
(12)

Samuel Taylor Coleridge a pris un fruit de la passion dans chaque main et a indiqué qu'il aimerait les emporter avec lui. J'ai hoché la tête en signe d'approbation. Il en a soigneusement placé un dans chacune de ses poches et, d'une manière ou d'une autre, j'ai su qu'il les avait emportés en souvenir de son voyage. En son honneur, j'ai récité les douces paroles de :

ASRA

Être aimé est tout ce dont j'ai besoin,
Et celui que j'aime, je l'aime vraiment. (13)

J'approuve personnellement les
œuvres suivantes de Samuel Taylor Coleridge :

Christabel
L'amour
La jeunesse et l'âge
L'abattement : une ode
Les Piccolomini
Ode à la tranquillité
Ode à l'année qui s'en va
Le givre à minuit
Biographia Literaria : 1817
Réflexions sur le départ d'un lieu de
retraite

La tonnelle, ma prison
Le donjon
Les peurs de la solitude
Les douleurs du sommeil
Le fantôme
Qu'est-ce que la vie ?
Inscription pour une fontaine sur une lande
La vie humaine
Le temps, réel et imaginaire
La raison
Le désir

Beod ge gesunde

Cathy McGough
Ton intervieweuse d'écrivains légendaires
De l'au-delà

NATHANIEL HAWTHORNE FAIT TOURNER LES TABLES

MADAME DELATOUR EST TRÈS malade. Son médecin personnel, le Dr Weinstein, lui a rendu visite à domicile et lui a ordonné de prendre un peu de repos.

Ayant entre les mains une patiente réticente, j'ai informé Blanchetta que le Dr Weinstein m'avait laissé la responsabilité de la soigner (Note : si tu dois dire à ton patient que tu es responsable, tu peux toujours t'attendre à des ennuis !) Par conséquent, nous ne ferions aucune des interviews prévues, y compris celle avec M. Nathaniel Hawthorne, jusqu'à ce qu'elle soit complètement rétablie.

"Ha !" s'exclame-t-elle avant d'ajouter "The Show must go on !" et de se lancer dans un refrain endiablé de la chanson éponyme de Freddie Mercury. Il n'a pas fallu longtemps pour qu'elle se mette à tousser et à cracher et qu'elle finisse par se frayer un chemin jusqu'au canapé où elle s'est allongée, la tête entre les mains.

Elle était là, parée de ses bottes Ugg roses fourrées, avec une robe de chambre bordeaux jusqu'au sol attachée au sommet de son cou, ses cheveux sous un bonnet de bain psychédélique, sans maquillage à part une épaisse couche de rouge à lèvres rouge vif.

Si tu l'avais rencontrée à l'improviste dans cet état, tu aurais pu penser que tu étais entré dans la "Twilight Zone" de M. Serlings. Si tu avais écouté attentivement, tu aurais probablement entendu : "Fais, fais, fais, fais, fais, fais". En fait, je parie que tu entends en ce moment même le thème de la série.

Revenons à notre patiente... c'est à ce moment-là que j'ai proposé à Madame un bon verre d'eau fraîche pour faire baisser sa fièvre. Elle m'a repoussé et a exigé à la place un grand verre de Chivas Regal sur glace. Je lui ai fait part de mon inquiétude quant à son choix malsain de boissons, puisque le Dr Weinstein avait pratiquement interdit l'alcool.

Nous sommes finalement parvenus à un compromis : un seul verre de Chivas Regal dilué avec beaucoup de glaçons.

Après cela, elle s'est allongée sur la chaise longue, sirotant son petit doigt en l'air pour essayer de rassembler suffisamment de force pour entrer dans le monde de l'au-delà.

Hélas, elle s'est vite rendu compte qu'elle était encore bien trop faible et m'a supplié de lui donner un autre verre. J'ai accepté avec beaucoup de réticence.

Après l'avoir frappé, elle a grimpé les escaliers de façon un peu instable, en disant qu'elle se reposerait tranquillement et qu'elle reprendrait des forces.

J'ai repéré une bouteille pleine d'alcool sous son bras et je l'ai confisquée avant de la renvoyer à l'étage pour une grasse matinée. Pendant ce temps, j'ai profité de la tranquillité pour consulter les informations que j'avais accumulées au fil du temps sur notre interlocuteur, M. Nathaniel Hawthorne.

M. Hawthorne est né à Salem, dans le Massachusetts, le 4 juillet 1804. Son père est mort alors qu'il avait quatre ans, laissant sa mère l'élever avec ses deux sœurs Elizabeth et Maria. Mme Hawthorne, désemparée après la mort de son mari, a emmené ses trois enfants dans la maison de son père. Son frère Robert s'est intéressé à Nathaniel et a pris sur lui d'éduquer son neveu.

J'ai regardé le ciel nocturne et un des poèmes de M. Hawthorne m'est venu à l'esprit :

ADRESSE À LA LUNE
Comme il est doux le rayon pâle de la lune argentée,
Tombe en tremblant sur la baie lointaine,
Sur laquelle les brises ne soupirent plus,
Ni les vagues ne fouettent le rivage.

Dis, les yeux de ceux que j'aime,
Te regardent comme tu t'envoles vers le ciel,
Solitaire, majestueux et serein,
La reine du soir calme et placide ?
Dis, si sur ton sein paisible,
Les esprits disparus trouvent leur repos,
Car qui souhaiterait une plus belle demeure,
Que dans ce dôme lumineux et réfulgent ? (1)

Je frissonnai et me retournai juste à temps pour entendre la voix de Blanchetta qui m'appelait de l'étage : "Yoo-hoo, Cathy, M. Hawthorne arrive".

Il avait une moustache d'un chocolat profond parsemée de mouchetures grises et de longs cheveux ondulés. Son front était masqué par une petite boucle et ses lourds sourcils sombres semblaient faire ressortir la couleur bleu foncé de ses yeux.

Il m'a tendu la main, puis a pris mon autre main dans la sienne et l'a maintenue fermement en me regardant dans les yeux. J'avais l'impression qu'il essayait de lire en moi.

Au bout de quelques secondes, il a pris une grande inspiration, s'est incliné et s'est inquiété du sort de Madame Delatour. Je lui ai assuré qu'elle avait été examinée par un médecin et qu'elle irait bien si elle suivait ses ordres.

Puis, de façon tout à fait inattendue, M. Hawthorne a posé la question suivante :

Q : Vous êtes un écrivain en herbe, si j'ai bien compris ?

R : Oui, M. Hawthorne.

Q : Alors voici mon conseil pour vous, et c'est le plus important que je puisse vous donner. Écoute attentivement - c'est peut-être tout ce que j'ai à t'offrir.

Lorsqu'il jette ses feuilles au vent, l'auteur s'adresse, non pas aux nombreuses personnes qui jetteront son volume ou ne le prendront jamais, mais aux quelques personnes qui le comprendront, mieux que la plupart de ses camarades d'école ou de vie.

Certains auteurs, en effet, font bien plus que cela et se livrent à des révélations si confidentielles qu'elles ne peuvent être adressées qu'à un seul coeur et à un seul esprit de parfaite sympathie ; comme si le livre imprimé, lancé dans le vaste monde, était certain de découvrir le segment divisé de la propre nature de l'auteur et de compléter le cercle de son existence en l'amenant en communion avec lui.

Mais comme les pensées sont gelées et l'énoncé béni à moins que l'orateur ne se trouve dans une véritable relation avec son auditoire, il peut être pardonnable d'imaginer qu'un ami, un ami bienveillant et compréhensif, bien que ce ne soit pas l'ami le plus proche, écoute notre conversation ; et alors, une réserve native étant dégelée par cette conscience géniale, nous pouvons parler des circonstances qui nous entourent, et même de vous-même, tout en gardant le Moi le plus intime derrière son voile. Dans cette mesure, et dans ces limites, un auteur, je pense, peut être autobiographique, sans violer les droits du lecteur ou les siens. (2)

Q : Merci M. Hawthorne, vous m'avez donné beaucoup à réfléchir. Maintenant, si vous voulez bien prendre un verre de limonade et vous asseoir, pourrions-nous, s'il vous plaît, commencer l'entretien ?

R : Je suis satisfait, Cathy. La parole est à toi, tu peux donc continuer.

Q : Est-il vrai que vous avez lu "The Pilgrim's Progress" très jeune ?

R : C'était une joie de lire ce livre et d'autres à l'âge de six ans. Mon père est mort quand j'avais quatre ans et apprendre à lire m'a ouvert un tout nouveau monde. J'ai adoré "The Pilgrim's Progress" et "Castle of Indolence" de James Thomson m'a particulièrement plu. J'ai lu la "Faerie Queene" de Spenser que j'ai achetée avec le premier argent que j'ai gagné. (3)

Q : Quelle est la période de votre vie dont vous vous souvenez avec le plus de tendresse ?

R : Quand j'avais quatorze ans, nous avons déménagé à Sebago Lake dans le Maine. Je vivais comme un oiseau des airs, tant la liberté dont je jouissais était parfaite... Ah, comme je me souviens bien des journées d'été ; aussi, quand, avec mon fusil, je me promenais à ma guise dans les bois du Maine ! Tout est beau dans la jeunesse - car tout lui est alors permis... C'est pourtant là que j'ai pris pour la première fois mes maudites habitudes de solitude. (4)

Q : Tout écrivain a besoin de solitude, mais en tant qu'enfant, vous ne la recommandez pas ?

R : Recommander ? Non. Cependant, cette solitude que j'ai ressentie en tant qu'enfant m'a forcé à lire tout ce que je pouvais trouver. J'ai lu "The Waverley Novels", Rousseau, et "The Newgate Calendar", et j'inventais de longues histoires, sur ce que je voulais faire et où je voulais aller quand je serais grand. Je concluais toujours mes histoires par et je ne reviendrai plus jamais ! (5)

Q : Est-il vrai que tu as créé ton propre journal quand tu étais petit ?

R : Oui, en effet. Je l'ai appelé "The Spectator" - ce n'est pas très original, n'est-ce pas ? Il n'a duré que six numéros, puis j'ai informé mes abonnés - dont un seul, moi-même - qu'aucun décès d'importance n'avait eu lieu, à l'exception de celui de l'éditeur dudit journal qui est mort de faim, en raison de la faiblesse de son mécénat. (6)

Q : Comment et quand as-tu décidé de devenir écrivain ?

R : À dix-sept ans, je suis entré au Bowdoin College. J'ai écrit à ma mère :

Je ne veux pas être médecin et vivre des maladies des hommes ; ni ministre, pour vivre de leurs péchés ; ni avocat, et vivre de leurs querelles. Alors, je ne vois pas qu'il me reste autre chose à faire que d'être auteur. Que dirais-tu un jour de voir une étagère pleine de livres écrits par ton fils, avec "Hawthorne's Works" imprimé sur leur dos ?

Je n'ai pas vu sa réponse lorsqu'elle a reçu ma lettre, mais plus tard, j'ai su avec certitude qu'elle n'était pas impressionnée par mon choix de carrière. (7)

Q : Pensiez-vous pouvoir prouver à votre famille qu'elle avait tort, ou aviez-vous l'espoir de changer leurs idées préconçues à votre sujet ?

R : Ils ne reconnaîtraient aucun des objectifs que j'ai pu chérir comme louable ; aucun de mes succès - si ma vie, au-delà de sa portée domestique, avait jamais été égayée par un succès - ne serait considéré par eux comme étant sans valeur, voire même comme une véritable disgrâce. "Qu'est-ce qu'il est ?" murmure une ombre grise de mes ancêtres à l'autre. "Un auteur de livres d'histoires ! Quel genre d'activité dans la vie - quel moyen de glorifier Dieu ou d'être utile à l'humanité à son époque et dans sa génération - cela peut-il être ? Ce type dégénéré aurait tout aussi bien pu être un violoniste !" Tels sont les compliments échangés entre mes arrière-petits-enfants et moi-même, à travers le gouffre du temps ! Et pourtant, qu'ils me méprisent comme ils veulent, de forts traits de leur nature se sont mêlés à la mienne. (8)

Q : Tous les écrivains reçoivent des refus. Comment avez-vous géré ces rejets, s'il y en a eu ?

R : S'il y en a eu ? Tu plaisantes ? À l'université, j'écrivais des poèmes et des croquis. Je les ai rassemblés et je les ai appelés "Sept contes de ma terre natale". Je les ai proposés à l'éditeur n° 1. Ils ont poliment refusé. Je les ai proposés à l'éditeur no 2, qui les a impoliment refusés. L'éditeur n° 3 l'a accepté et l'a gardé si longtemps sans le publier que j'ai exigé qu'il me le renvoie. Comment ai-je géré ce refus ? J'ai brûlé le livre ! (9)

Q : Oh là là, ça a dû faire mal. As-tu envisagé de jeter l'éponge ?

R : Je ne connais pas cette expression, mais je comprends l'essentiel de ce que tu veux dire. Ma réponse est donc non. J'ai tout de même écrit et publié anonymement à mes frais un roman intitulé "Fanshawe". Il m'a coûté 100 dollars et les ventes ont été peu nombreuses. Cela étant, je n'ai jamais admis publiquement que j'en étais l'auteur. (10)

Q : Plus tard, dans votre vie, avez-vous trouvé du réconfort dans la solitude ?

R : J'étais comme un enfant effrayé, même à l'âge de 38 ans. Je ne voulais rien de plus que d'échapper à la société. Si je voyais un homme se promener, je me précipitais sur les rochers et me réfugiais dans un recoin que de nombreuses heures secrètes m'ont donné le droit d'appeler le mien. J'étais ainsi jusqu'à ce que je rencontre ma femme Sophia. (11)

Q : Vous avez épousé Sophia le 9 juillet 1842 et vous avez déménagé au Old Manse à Concord.

R : C'est là que j'ai écrit "Mosses". Ma femme était ma seule compagne et je n'avais besoin de personne d'autre ; il n'y avait aucune vacance dans mon esprit pas plus que dans mon cœur. En vérité, j'ai passé tant d'années à m'isoler totalement de toute société humaine qu'il n'était pas étonnant que je sente tous mes désirs satisfaits par ce seul rapport. Mais elle m'était venue du milieu de nombreux amis et d'un large cercle de connaissances ; elle vivait pourtant au jour le jour dans la solitude, ne voyant personne, sauf moi et plus tard nos enfants, tandis que la neige de notre avenue n'était foulée pendant des semaines par aucun autre pas que le mien ; et pourtant elle était toujours si joyeuse. Dieu merci, j'ai pu suffire à son cœur débordant ! (12)

Q : Concord avait une sacrée réputation dans la communauté des écrivains.

R : Nous vivions à la périphérie où je créais des histoires et vivais de leurs recettes ou me débrouillais jusqu'à ce que je sois nommé arpenteur des douanes à Salem en 1846 avec un salaire de mille deux cents dollars par an. Cette chance n'a pas duré très longtemps et en 1849, à la suite d'un changement politique, j'ai été évincé de mon poste. J'avais quarante-cinq ans, une femme et deux enfants à charge. Nous avions très peu d'économies et peu de perspectives pour un nouveau poste. (13)

Q : Vous aviez l'impression que le monde était contre vous et vous avez ensuite écrit votre roman le plus célèbre, "La lettre écarlate" ?

R : Beaucoup avaient foi en moi, même si j'avais très peu confiance en moi. Ma femme. Mes amis de l'école. Mon éditeur. Ils pensaient tous que j'avais quelque chose en moi pour créer un grand roman. Mon éditeur, James T. Fields, est venu me rendre visite à Salem. Il m'a gentiment demandé, comme il l'avait déjà fait à plusieurs reprises, si j'avais écrit quelque chose ces derniers temps. J'ai répondu : quel éditeur prendrait le risque d'écrire un livre de moi, l'écrivain le plus impopulaire d'Amérique ? Il m'a répondu qu'il le ferait avec la plus grande conviction. Je lui ai répondu que je n'avais rien de valable dans mon répertoire. Au moment où il s'apprêtait à partir, j'ai fouillé dans mon bureau et j'en ai sorti un manuscrit, en lui demandant s'il voulait bien jeter un coup d'œil à ce tas d'ordures. Ce manuscrit était l'ébauche de "La lettre écarlate". (14)

Q : "La lettre écarlate" a été publiée en 1850 et s'est vendue à plus de 5 000 exemplaires en dix jours. Qu'en a pensé Sophia ? L'a-t-elle aimé ?

R : J'ai essayé de lire la conclusion à ma femme, car ma voix enflait et se gonflait comme si j'étais ballotté sur un océan qui s'apaise après une tempête. Cela lui a brisé le cœur - et l'a envoyée au lit avec un terrible mal de tête - ce que j'ai considéré comme un succès triomphal. (15)

Q : D'où vous est venue l'idée ?

R : Un mystérieux paquet est arrivé à Custom House et l'objet qui a le plus attiré mon attention était une certaine affaire de tissu rouge fin, très usé et délavé. Il y avait des traces de broderie d'or, mais elles étaient très effilochées et abîmées, de sorte qu'il ne restait plus rien, ou très peu, des paillettes. La broderie avait été réalisée, comme il était facile de s'en rendre compte, avec une merveilleuse habileté, et le point - comme me l'ont assuré des dames connaissant bien ces mystères - témoignait d'un art aujourd'hui oublié, que l'on ne peut pas retrouver, même en enlevant les fils. Ce chiffon de tissu écarlate - que le temps, l'usure et une mite sacrilège avaient réduit à l'état de chiffon - après un examen attentif, prit la forme d'une lettre. C'était la lettre majuscule "A". (16)

Q : Et ce "A", à quoi ressemblait-il ?

R : Par une mesure précise, chaque membre s'est avéré mesurer précisément trois pouces et un quart de longueur. Il s'agissait sans aucun doute d'un article vestimentaire ornemental, mais la façon dont il devait être porté, ou le rang, l'honneur et la dignité qu'il signifiait dans les temps passés, était une énigme que je n'avais que peu d'espoir de résoudre, tant les modes du monde sont évanescentes dans ces domaines. Et pourtant, elle m'intéressait étrangement. Mes yeux se sont fixés sur la vieille lettre écarlate et n'ont pas voulu s'en détourner. Elle contenait certainement un sens profond, digne d'être interprété, et qui, pour ainsi dire, jaillissait du symbole mystique, se communiquant subtilement à ma sensibilité, mais se dérobant à l'analyse de mon esprit. (17)

Q : Le mystère de tout cela vous a-t-il consumé ?

R : Oui, alors que j'étais perplexe et que je me demandais, entre autres hypothèses, si la lettre n'était pas l'une de ces décorations que les hommes blancs avaient l'habitude de créer pour attirer l'attention des Indiens, je l'ai posée sur ma poitrine. Il m'a semblé - vous pouvez sourire, mais ne doutez pas de ma parole - il m'a semblé alors que j'éprouvais une sensation pas tout à fait physique, mais presque, de chaleur brûlante, et comme si la lettre n'était pas en tissu rouge, mais en fer chauffé au rouge. J'ai frémi et je l'ai involontairement laissée tomber sur le sol.

Dans la contemplation absorbante de la lettre écarlate, j'avais jusqu'à présent négligé d'examiner un petit rouleau de papier miteux autour duquel elle avait été entortillée. Je l'ai ouvert et j'ai eu la satisfaction d'y trouver, sous la plume du vieux géomètre, une explication assez complète de toute l'affaire. (18)

Q : Y avait-il des informations spécifiques concernant la vie d'une véritable Hester Prynne ?

R : Oui, il y avait plusieurs feuilles de papier d'aluminium contenant de nombreux détails concernant la vie et la conversation d'une certaine Hester Prynne, qui semble avoir été un personnage assez remarquable aux yeux de nos ancêtres. Elle avait prospéré pendant la période comprise entre les premiers jours du Massachusetts et la fin du dix-septième siècle. Des personnes âgées, vivantes à l'époque de M. l'arpenteur Pue, et dont le témoignage oral a servi de base à son récit, se souvenaient d'elle dans leur jeunesse comme d'une femme très âgée, mais pas décrépite, d'un aspect majestueux et solennel. Depuis une date presque immémoriale, elle avait l'habitude de parcourir le pays comme une sorte d'infirmière bénévole, et de faire tout le bien qu'elle pouvait ; elle prenait sur elle de donner des conseils dans tous les domaines, en particulier ceux du coeur ; par ce moyen, comme une personne de telles propensions doit inévitablement le faire, elle gagnait auprès de beaucoup de gens la révérence due à un ange, mais j'imagine qu'elle était considérée par d'autres comme une intruse et une nuisance. (19)

Q : Y a-t-il eu d'autres découvertes ?

R : En fouillant davantage dans le manuscrit, j'ai trouvé le récit d'autres actions et souffrances de cette femme singulière, intitulé "La lettre écarlate" - et il faut garder à l'esprit que les principaux faits de cette histoire sont autorisés et authentifiés par le document de M. Pue, le géomètre. Les documents originaux, ainsi que la lettre écarlate elle-même - une relique des plus curieuses - sont toujours en ma possession et seront librement exposés à quiconque, poussé par le grand intérêt que je porte à ce récit, souhaitera les voir. (20)

Q : Donc, vous avez su tout de suite que ce "A" - cette information que vous avez trouvée était quelque chose que vous vouliez écrire ?

R : Je savais que l'histoire d'Hester Prynne nécessitait beaucoup de réflexion. L'atmosphère d'un bureau de douane est si peu adaptée à la délicate récolte de la fantaisie et de la sensibilité que, si j'y étais restée pendant les dix présidences à venir, je doute que l'histoire de "La lettre écarlate" ait jamais été portée à la connaissance du public. Mon imagination était un miroir terni. Il ne reflétait pas, ou alors seulement avec une faible luminosité, les figures avec lesquelles j'ai fait de mon mieux pour le peupler. Les personnages du récit ne seraient pas réchauffés et rendus malléables par la chaleur que je pourrais allumer à mon oubli intellectuel. Ils ne prenaient ni l'éclat de la passion ni la tendresse du sentiment, mais conservaient toute la rigidité des cadavres et me regardaient en face avec un rictus fixe et affreux de défi méprisant. (21)

Q : Est-il vrai que "La lettre écarlate" a été transformée en opéra ?

R : Oui, alors que j'étais à l'étranger, j'ai ramassé un journal américain. Il disait qu'un opéra, encore inachevé, avait été écrit sur mon livre et que plusieurs scènes avaient été jouées avec succès à New York. Je pense qu'il pourrait peut-être réussir en tant qu'opéra, mais qu'il échouerait certainement en tant que pièce de théâtre. (22)

Q : Mon premier livre était une romance. Quels conseils donneriez-vous aux écrivains de ce genre spécifique ?

R : Lorsqu'un écrivain qualifie son œuvre de roman, il n'est pas nécessaire de préciser qu'il souhaite revendiquer une certaine latitude, à la fois en ce qui concerne la mode et le matériel, qu'il ne se serait pas senti en droit d'assumer s'il avait professé écrire un roman. Cette dernière forme de composition est supposée viser une fidélité très minutieuse, non seulement au possible, mais au cours probable et ordinaire de l'expérience de l'homme. La première - bien qu'en tant qu'oeuvre d'art, elle doive se soumettre rigoureusement à des lois, et bien qu'elle pèche impardonnablement dans la mesure où elle peut s'écarter de la vérité du coeur humain - a tout à fait le droit de présenter cette vérité dans des circonstances, dans une large mesure, choisies ou créées par l'écrivain lui-même.

S'il le juge bon, il peut aussi gérer son milieu atmosphérique de façon à faire ressortir ou à adoucir les lumières et à approfondir et enrichir les ombres de l'image. Il sera sage, sans aucun doute, de faire un usage très modéré des privilèges énoncés ici, et surtout, de mêler le merveilleux plutôt comme une saveur légère, délicate et évanescente, que comme une portion de la substance réelle du plat offert au public. On ne peut cependant pas dire qu'il commette un crime littéraire, même s'il ne tient pas compte de cette mise en garde. (23)

Q : Quelle est, selon toi, l'importance d'un objectif moral dans l'écriture d'un roman ?

R : Beaucoup d'écrivains insistent beaucoup sur un objectif moral précis qu'ils prétendent donner à leurs œuvres. Pour ne pas être en reste sur ce point, l'auteur s'est doté d'une morale : la vérité, à savoir que les méfaits d'une génération se répercutent sur les générations suivantes et, se dépouillant de tout avantage temporaire, deviennent des méfaits purs et incontrôlables ; et il éprouverait une satisfaction singulière si cette histoire pouvait convaincre efficacement l'humanité - ou en fait, n'importe quel homme - de la folie de faire tomber une avalanche d'or mal acquis ou de biens immobiliers sur la tête d'une postérité malheureuse pour la mutiler et l'écraser, jusqu'à ce que la masse accumulée soit dispersée dans ses atomes d'origine. (24)

Q : Donc, tu penses que le genre romanesque ne devrait pas essayer d'éduquer ?

R : Lorsque les romans d'amour enseignent vraiment quelque chose, ou produisent une opération efficace, c'est généralement par un processus beaucoup plus subtil que l'ostensible - l'auteur a considéré qu'il ne valait guère la peine de s'acharner sur l'histoire avec sa morale, comme avec une barre de fer - ou plutôt comme en enfonçant une épingle dans un papillon - la privant ainsi à la fois de vie, et la faisant se raidir dans une attitude disgracieuse et contre-nature. Une haute vérité, en effet, équitablement, finement et adroitement élaborée, éclairant chaque étape et couronnant le développement final d'une œuvre de fiction, peut ajouter une gloire artistique, mais n'est jamais plus vraie, et rarement plus évidente, à la dernière page qu'à la première. (25)

Q : Comment un écrivain doit-il s'efforcer d'établir un lien avec ses lecteurs ?

R : Un lecteur peut peut-être choisir d'attribuer une localité réelle à l'événement imaginaire du récit. Si le lien historique - qui, bien que léger, était essentiel au plan de l'auteur - le permettait, l'auteur aurait très volontiers évité tout ce qui est de cette nature. Sans parler d'autres objections, cela expose le roman à une espèce de critique inflexible et extrêmement dangereuse, en mettant ses images de fantaisie presque en contact positif avec les réalités du moment.

Il ne s'agit pas pour lui de décrire les mœurs locales, ni de s'immiscer dans les caractéristiques d'une communauté pour laquelle il éprouve un respect approprié et une considération naturelle. Il espère ne pas être considéré comme une offense impardonnable en traçant une rue qui n'empiète sur les droits privés de personne, en s'appropriant un terrain qui n'a pas de propriétaire visible et en construisant une maison avec des matériaux utilisés depuis longtemps pour construire des châteaux dans les airs. Les personnages de l'histoire - bien qu'ils se présentent comme étant d'une stabilité ancienne et d'une importance considérable - sont en réalité l'œuvre de l'auteur lui-même ou, en tout cas, de son propre mélange ; leurs vertus ne peuvent apporter aucun éclat, ni leurs défauts contribuer, dans la moindre mesure, à discréditer la vénérable ville dont ils prétendent être les habitants. Il serait donc heureux que - surtout dans le quartier auquel il fait allusion - le livre puisse être lu strictement comme une romance, ayant beaucoup plus à voir avec les nuages au-dessus de sa tête qu'avec n'importe quelle partie du sol réel de l'endroit sur lequel il écrit. (26)

Q : Au cours de ton voyage en Grande-Bretagne, qu'est-ce qui t'a le plus marqué ?

R : J'ai visité le British Museum, une affaire extrêmement fastidieuse. Cela écrase une personne de voir autant de choses à la fois, et j'ai erré d'une salle à l'autre avec un cœur fatigué et lourd. Le présent est trop chargé par le passé. (27)

Q : Avez-vous d'autres conseils à donner aux écrivains de demain ?

R : Les seules fins raisonnables de la littérature sont, premièrement, l'agréable labeur d'écrire ; deuxièmement, la satisfaction de sa famille et de ses amis ; et, enfin, l'argent solide. (28)

Q : J'ai le regret de vous annoncer que notre temps est écoulé. Merci beaucoup d'avoir accepté d'être interviewé. Ce livre ne serait pas complet sans un chapitre sur toi.

R : Je vous remercie humblement et je vous laisse avec une lecture de :

LA LETTRE ÉCARLATE

Lorsque la jeune femme - la mère de l'enfant - s'est montrée au grand jour devant la foule, son premier réflexe a été de serrer l'enfant contre son sein, non pas tant par affection maternelle que pour dissimuler un certain objet qui était fixé à sa robe. Cependant, jugeant sagement qu'un signe de sa honte ne servirait qu'à en cacher un autre, elle prit le bébé sur son bras et, avec une rougeur brûlante, un sourire hautain et un regard qui ne se laissait pas abattre, elle regarda autour d'elle ses habitants et ses voisins. Sur la poitrine de sa robe, en fin tissu rouge, entourée de broderies élaborées et de fantastiques fioritures de fils d'or, apparaissait la lettre A. C'était fait de façon si artistique, avec tant de fertilité et de luxuriance de fantaisie, que cela avait tout l'effet d'une dernière décoration appropriée aux vêtements qu'elle portait, et qui était d'une splendeur conforme au goût de l'époque, mais bien au-delà de ce qui était autorisé par les règlements somptuaires de la colonie. (29)

Après avoir fini de réciter, il a disparu, et j'ai continué à lire là où il s'était arrêté pendant un bon moment.

Nathaniel Hawthorne était très respecté par ses collègues écrivains qui lui ont rendu hommage lors de son enterrement, notamment Longfellow, Holmes, Whittier, Lowell, Emerson, Agassiz et Pierce.

Je te laisse avec ces mots, écrits par Henry Wadsworth Longfellow au moment de la mort de M. Hawthorne :

HAWTHORNE [1804-1864]
Comme c'était beau, ce jour lumineux
Dans la longue semaine de pluie !
Bien que toute sa splendeur n'ait pu chasser
La douleur omniprésente.
La jolie ville était blanche de pommiers en fleurs,
Et les grands ormes au-dessus de la tête
Les ombres sombres tissaient sur leurs métiers aériens
Traversés de fils d'or.
À travers les prairies, près du vieux manoir gris,
La rivière historique coulait ;
J'étais comme quelqu'un qui erre en transe,
Inconscient de sa route.
Les visages familiers me paraissaient étranges ;
J'entendais leurs voix,
Et pourtant les mots qu'ils prononçaient semblaient changer

Leur signification à mon oreille.
Car le visage que je cherchais n'était pas là,
La voix grave était muette ;
Seule une présence invisible remplissait l'air
Et a déconcerté ma poursuite.
Maintenant je regarde en arrière, et le pré, le manoir et le ruisseau
Je ne vois qu'un rêve au sein d'un rêve ;
Je ne vois qu'un rêve à l'intérieur d'un rêve.
Le sommet de la colline couvert de pins.
J'entends seulement au-dessus de son lieu de repos
Leur tendre tonalité,
Les désirs infinis d'une poitrine troublée,
La voix si semblable à la sienne.
Là, dans l'isolement et loin des hommes
La main du magicien reste froide,
Qui, à sa vitesse maximale, a laissé tomber la plume,
Et qui a laissé l'histoire à moitié racontée.
Ah ! Qui va soulever cette baguette magique, Et retrouver la clé perdue ?
Et retrouvera la clé perdue ?
Les fenêtres inachevées de la tour d'Aladin
Restent inachevées ! (30)
Je te conseille de rechercher les œuvres de M. Hawthorne ! Tu ne seras pas déçu :
La Lettre écarlate
Twice Told Tales (Contes racontés deux fois)
L'histoire d'amour de Blithedale
La maison aux sept pignons

La fille de Rappaccini

Le faune de marbre

Les contes de Tanglewood

L'histoire d'amour de Dolliver

Livres de notes

Carnets de notes en anglais

Notre vieille maison - Une série de croquis anglais

Toute l'histoire de la chaise de grand-père

Le voile noir du ministre

L'artiste du beau

Formes de héros

Les images prophétiques

Le gentil garçon

L'image en bois de Drowne

L'holocauste de la Terre

Le diable dans le manuscrit

Le grand fait de pierre

La catastrophe de M. Higginbotham

La procession de la vie

Les pèlerins de Canterbury.

TTFN !

Cathy McGough

Ton intervieweuse des écrivains légendaires de l'au-delà

LEACOCK FAIT SENSATION

À L'AUTOMNE 2000, MADAME Delatour et moi étions en train de visiter les collines de la Gatineau au Québec. Les feuilles volaient autour de notre voiture, tandis que nous montions les collines. Les magnifiques couleurs nous ont donné envie de nous arrêter à un endroit où nous pourrions nous promener et découvrir les images et les odeurs d'une saison automnale canadienne.

Enfin, nous sommes tombés sur le parking qui nous mènerait au plateau continental. Les bruits de feuilles qui crissent et claquent pendant que nous nous dirigeons vers le point d'observation nous obligent à crier pour communiquer. Il faisait plutôt frais à midi, et il n'y avait pas beaucoup d'autres personnes assez courageuses pour quitter la chaleur de leur voiture et faire du tourisme.

Nous avons flâné le long d'un sentier pédestre, tandis que les sentiers moussus aromatiques assaillaient nos sens et nous isolaient du vent. Nous avons discuté de littérature canadienne tout en marchant et en prenant tout cela en compte, et dans mon esprit, un poème a commencé :

Le crissement des feuilles sous mes pieds,

Créait une pulsation rythmique dans mon esprit.

Je montais, puis je descendais - mes semelles embrassaient le sol,

Le poème dans ma tête tournait en rond.

La voix de M. Leacock m'a ramené au temps présent avec une récitation de :

LE PLAN SOCIAL
Je connais un homme très ennuyeux
qui n'arrête pas de dire "Plan social".
À chaque dîner, à chaque discussion
Où les hommes se réunissent, mangent ou se promènent,
Où que ce soit, ce terrible homme
Apporte sur son damné plan social.
La chute du blé, la hausse du pain,
Les briseurs de société sont en route,
Le paradoxe économique
Qui conduit la nation sur les rochers,
Les roues que la fausse abondance bloque...
Et nous empêche d'élever des porcs, --
Dans ce domaine morne, l'homme lugubre
Surveille et hoquette le plan social.

Jusqu'à ce que des hommes plus simples commencent à trouver

Son croassement aggrave leur esprit,

Et les rend anxieux d'éviter

Toute mention des chômeurs,

Et les conduit même à abhorrer

Ceux qu'on appelle les pauvres méritants.

Pour moi, ma sympathie va maintenant

À la pauvre classe ploutocratique.

La foule qui m'attire maintenant

Est ce qu'il appelle la Bourgeoisie

J'ai donc un plan social

Pour le prendre par le cou,

et de l'enfermer dans un fourgon à bagages

Et d'y attacher un chèque,

marqué MOSCOU VIA TURKESTAN,

Qu'est-ce que tu penses de ce plan social ? (1)

Madame Delatour n'avait aucune idée de l'auteur du "Plan social", mais elle s'en est beaucoup amusée. Je lui ai dit que c'était l'œuvre de Stephen Leacock, un Canadien, et j'ai mentionné qu'il était notre meilleur humoriste. Madame Delatour voulait savoir pourquoi je ne lui avais pas demandé de contacter M. Leacock pour une entrevue.

Pour être honnête, je ne savais pas trop pourquoi nous n'avions pas essayé de lui parler. J'ai suggéré que nous puissions en discuter plus avant - après avoir eu l'occasion de faire quelques recherches.

Quelques instants plus tard, j'ai remarqué qu'un monsieur marchait vers nous au loin, le long du sentier. Madame Delatour a haussé les épaules en me disant que M. Leacock était prêt à être interrogé ici et maintenant.

J'étais quelque peu contrariée car je n'avais pas le temps de faire la préparation requise, mais lorsque vous travaillez avec un psychopathe - oups, je veux dire un médium - vous apprenez à suivre le courant.

La pluie a commencé à tomber doucement avec des gouttes occasionnelles qui passaient à travers les trous laissés par les arbres à moitié dépourvus de feuilles. Nous avons couru et nous nous sommes accrochés dos à un énorme érable en attendant que M. Leacock nous rejoigne.

Il était vêtu d'un cardigan marron confortable et avait l'air d'être à l'aise dans un grand fauteuil La-Z-Boy croustillant, placé devant une cheminée ronflante en fumant la pipe. Il portait un pantalon marron, des chaussures assorties (qui étaient couvertes de feuilles humides) - et une casquette écossaise à carreaux marron. Ses épaules sont voûtées pour éviter le vent et ses mains sont bien au chaud dans les poches de son gilet.

Stephen Leacock est né le 30 décembre 1869 dans le Hampshire, en Angleterre. Il était le troisième enfant d'une famille de onze enfants. Sa famille a immigré au Canada en 1876. Ils ont acheté une ferme de 100 acres dans le village de Sutton, en Ontario.

M. Leacock nous a bientôt rejoints sous l'érable. Nous avons discuté brièvement du temps qu'il faisait (comme le veut la coutume canadienne) avant de procéder à l'interview.

Q : Tu as dû être très enthousiaste à l'idée de voir ta première maison canadienne. De quoi te souviens-tu ?

R : Notre ferme avec ses bâtiments était, je dirai, l'endroit le plus maudit que j'aie jamais vu. Je m'en souviens comme si c'était hier.

Des bars et des étables puants. Une triste petite bougie pour étudier la nuit. Oh, et les nuits d'hiver, des nuits glaciales dans la maison. (2)

Q : Tu as décidé de devenir enseignante ?

R : J'avais à l'époque un certain don naturel de mimétisme, je pouvais facilement reproduire la voix des gens et instinctivement leurs gestes. Aussi, lorsque Jimmy Wetherell [l'instructeur principal], au milieu d'une leçon d'anglais, m'a dit très courtoisement : "Maintenant, voulez-vous reprendre la leçon à cet endroit et la continuer ?" Je l'ai fait avec une complétude et une ressemblance avec la voix et les manières de Jimmy, ce qui a bien sûr ravi la classe. Des trémolos ont parcouru la salle.

Encouragé en tant qu'artiste, j'en ai fait trop. Le gentil directeur l'a vu de ses propres yeux et a rougi. Lorsque j'ai eu terminé, il m'a dit à voix basse : "Je crains d'admirer votre intelligence plus que vos manières."

Ces mots m'ont fait froid dans le dos. Je les ai sentis si vrais et pourtant si complètement dépourvus de malice. Car je n'avais pas de véritable "nerf", ni de véritable "culot". C'était l'art de l'imitation qui m'attirait. Je ne m'étais pas rendu compte de l'effet que cela pouvait avoir sur la personne concernée. J'en ai tiré ma première leçon sur la nécessité de la gentillesse humaine comme élément de l'humour. (3)

Q : Une leçon bien apprise. Malgré tout, tu as poursuivi ta carrière dans l'enseignement.

R : L'enseignement était une nécessité absolue. Mon éducation ne me servait à rien d'autre qu'à la transmettre aux autres. (4)

Q : Comment avez-vous eu l'idée d'écrire "Le plan social" ?

R : Lors d'une conférence devant une brillante galaxie de jeunes hommes et de jeunes femmes, connus, dans le collège auquel ils appartiennent, sous le nom de Economics Three, il m'est venu à l'esprit, et j'ai utilisé, la métaphore d'un réformateur social assis comme un corbeau sur le rebord de la fenêtre et croassant "Social Plan" (Plan social). Economics Three" s'est réveillé et a ri.

Cela m'a donné l'idée qu'il pourrait être très utile de discuter des problèmes économiques sous la forme d'une littérature de l'imaginaire. Cela permettrait d'éloigner l'argument des colères et de l'amertume qui l'entourent si souvent. Si nous ne pouvons pas en discuter comme des gentlemen, discutons-en au moins comme des idiots. Ayant eu l'idée, il ne me restait plus qu'à écrire le poème.

Quarante ans de travail acharné sur l'économie ont pratiquement fait disparaître toutes les idées que j'avais jamais eues à ce sujet. Je pense que toute la science est une épave et qu'il faut la reconstruire. Pour nos problèmes sociaux, il y a autant de lumière à trouver dans l'ancienne économie que dans un ver luisant.

Seules une ou deux choses me semblent claires. Le communisme en fonte n'est rien d'autre qu'un pénitencier. Tôt ou tard, soit il est condamné, soit l'homme est condamné. Je crois que la seule base possible d'une société organisée est celle du chacun pour soi, -- pour soi et pour ses proches. Mais sur cette base, il faut mettre en place un mécanisme social beaucoup plus efficace et beaucoup plus juste. Nous n'avons pas besoin d'un nouveau jeu, mais d'un nouvel ensemble de règles. Il doit y avoir du pain et du travail pour tous ; et cela devrait signifier très peu de travail et beaucoup de pain. (5)

Q : Pourriez-vous lire une de vos nouvelles ?

R : J'espérais que tu allais finir par me le demander !

MA CARRIÈRE FINANCIÈRE

Quand j'entre dans une banque, je suis déstabilisé. Les employés me font trembler, les guichets me font trembler, la vue de l'argent me fait trembler, tout me fait trembler.

Dès que je franchis le seuil d'une banque et que j'essaie d'y faire des affaires, je deviens un idiot irresponsable.

Je le savais d'avance, mais mon salaire avait été porté à cinquante dollars par mois et j'estimais que la banque était le seul endroit pour cela.

Je suis donc entré en rampant et j'ai regardé timidement les employés. J'ai eu l'idée qu'une personne sur le point d'ouvrir un compte devait consulter le directeur.

Je me suis approché d'un guichet marqué "Comptable". Le comptable était un grand diable froid. Sa seule vue m'a ébranlé. Ma voix était sépulcrale.

"Puis-je voir le directeur ?" J'ai dit, et j'ai ajouté solennellement, "seul". Je ne sais pas pourquoi j'ai dit "seul".

"Certainement", a dit le comptable, et il est allé le chercher.

Le directeur était un homme grave et calme. Je tenais mes cinquante-six dollars serrés en boule froissée dans ma poche.

"Vous êtes le gérant ?" dis-je. Dieu sait que je n'en doutais pas.

"Oui", a-t-il répondu.

"Puis-je vous voir," ai-je demandé, "seul à seul ?" Je ne voulais pas répéter "seul", mais sans cela, la chose semblait évidente.

Le directeur m'a regardé avec une certaine inquiétude. Il sentait que j'avais un terrible secret à révéler.

"Entrez ici", dit-il, et il me conduisit à une pièce privée. Il tourna la clé dans la serrure.

"Nous sommes à l'abri de toute interruption ici", a-t-il dit, "Asseyez-vous".

Nous nous sommes assis tous les deux et nous nous sommes regardés. Je n'ai pas trouvé de voix pour parler.

"Vous êtes l'un des hommes de Pinkerton, je présume", a-t-il dit.

Il avait compris à mes manières mystérieuses que j'étais un détective. Je savais ce qu'il pensait, et cela me rendait encore plus malheureux.

"Non, pas de Pinkerton", ai-je dit, semblant insinuer que je venais d'une agence rivale.

"À vrai dire", continuai-je, comme si j'avais été incité à mentir à ce sujet, "je ne suis pas du tout un détective. Je suis venu ouvrir un compte. J'ai l'intention de garder tout mon argent dans cette banque."

Le gérant eut l'air soulagé mais toujours sérieux ; il concluait maintenant que j'étais un fils du baron Rothschild ou un jeune Gould.

"Un compte important, je suppose", a-t-il dit.

"Assez important", ai-je murmuré, "je me propose de déposer cinquante-six dollars maintenant et cinquante dollars par mois régulièrement."

Le gérant se leva et ouvrit la porte. Il a appelé le comptable.

"Monsieur Montgomery, dit-il à voix haute sans aménité, ce monsieur ouvre un compte, il déposera cinquante-six dollars. Bonjour."

Je me suis levé.

Une grande porte en fer se tenait ouverte sur le côté de la pièce. "Bonjour", ai-je dit, et j'ai fait un pas dans le coffre-fort.

"Sortez", dit froidement le gérant, et il me montra l'autre chemin.

Je m'approchai du guichet du comptable et lui tirai la boule d'argent d'un mouvement convulsif rapide, comme si je faisais un tour de prestidigitation.

Mon visage était d'une pâleur effroyable.

"Tiens, dis-je, dépose-la." Le ton des mots semblait vouloir dire : "Faisons cette chose pénible pendant que la crise est là."

Il prit l'argent et le donna à un autre employé.

Il m'a fait écrire la somme sur un bordereau et signer mon nom dans un livre. Je ne savais plus ce que je faisais. La banque nageait devant mes yeux.

"C'est déposé ?" Demandai-je d'une voix creuse et vibrante.

"C'est le cas", a répondu le comptable.

"Alors je veux tirer un chèque."

Mon idée était d'en tirer six dollars pour mon usage actuel. Quelqu'un m'a donné un chéquier à travers un guichet et quelqu'un d'autre a commencé à me dire comment le rédiger. Les gens de la banque avaient l'impression que j'étais un millionnaire invalide. J'ai écrit quelque chose sur le chèque et je l'ai présenté à l'employé. Il l'a regardé.

"Quoi ! Tu es en train de tout redessiner ?", a-t-il demandé avec surprise.

Je me suis alors rendu compte que j'avais écrit cinquante-six au lieu de six. J'étais trop loin pour raisonner maintenant. J'avais le sentiment qu'il était impossible d'expliquer la chose.

Tous les employés avaient cessé d'écrire pour me regarder.

Fou de misère, je me suis jeté à l'eau.

"Oui, toute l'histoire."

"Tu as retiré ton argent de la banque ?"

"Jusqu'au dernier centime."

"Vous n'allez plus déposer ?" dit l'employé, étonné.

"Jamais."

Un espoir idiot m'a frappé : ils pourraient penser que quelque chose m'avait insulté pendant que je faisais le chèque et que j'avais changé d'avis. J'ai fait une tentative misérable pour avoir l'air d'un homme au tempérament redoutablement rapide.

L'employé se prépara à payer l'argent. "Comment voulez-vous le recevoir ?" dit-il.

"Quoi ?"

"Comment le prendrez-vous ?"

"Oh" - j'ai compris ce qu'il voulait dire et j'ai répondu sans même essayer de réfléchir - "en cinquante".

Il m'a donné un billet de cinquante dollars.

"Et le six ?" a-t-il demandé sèchement.

"En six", ai-je répondu.

Il me l'a donné et je me suis précipité vers la sortie.

Alors que la grande porte pivotait derrière moi, j'ai capté l'écho d'un rugissement de rire qui montait jusqu'au plafond de la banque.

Depuis, je ne fais plus de banque. Je garde mon argent en liquide dans la poche de mon pantalon et mes économies en dollars d'argent dans une chaussette. (6)

Monsieur Leacock fouilla dans les poches de son pantalon, en sortit quelques billets canadiens et fit tinter un peu de monnaie. Un écureuil s'est éparpillé sur le sentier, espérant que de la nourriture lui était offerte - mais pas une croûte de pain n'était en vue.

Q : Quelle est la définition de l'humour ?

R : L'humour, dans son sens le plus élevé et sa portée la plus large... ne dépend pas des incongruités verbales, ni des astuces de la vue et de l'ouïe. Il trouve son fondement dans l'incongruité de la vie elle-même et dans le contraste entre les soucis et les petits chagrins de la journée et le long mystère du lendemain. Ici, le rire et les larmes ne font qu'un, et l'humour devient la contemplation et l'interprétation de notre vie. (7)

Q : As-tu des conseils à donner aux humoristes en herbe ?

R : N'essayez jamais d'être drôle, car c'est une terrible malédiction. Voici un monde qui part en lambeaux et je suis inquiet. Pourtant, lorsque je me présente devant un public pour lui livrer mes pensées sérieuses, il se met à rire. On m'a annoncé comme étant drôle, et ils refusent de m'accepter autrement. (8)

Q : Je suis fasciné par vos études dans le domaine de l'éducation et pour les premières années d'école car mon fils est en maternelle. Pourrais-tu nous parler de tes découvertes dans ce domaine ?

R : Pendant de nombreux siècles, l'enseignement élémentaire était largement fondé sur l'idée qu'en épargnant la verge, on gâtait l'enfant et que le moyen le plus rapide d'atteindre l'intellect juvénile était de partir du bas vers le haut. Mais d'un autre côté, on se souvient du petit "Émile" de Rousseau qui se promène parmi les fleurs, et de l'essor du jardin d'enfants, qui s'est développé à partir de l'enfance dans l'ensemble de notre système éducatif.

Je me souviens de ma propre enfance, en Angleterre, d'un petit manuel élémentaire intitulé "Lire sans larmes". À l'époque, on considérait cela comme une innovation réjouissante. (9)

Q : Tu pourrais peut-être nous en dire un peu plus ?

R : En d'autres termes, j'essaie de dire que dans une grande partie de notre éducation (en pratique du moins), il est plus rapide d'aller de l'inconnu au connu. Procéder ad obscurum per obscurius est souvent aussi utile que de passer par un tunnel pour éviter de contourner une montagne. (10)

De nos jours, nous ne pouvons pas laisser l'éducation à l'incitation spontanée du désir de savoir et de l'intérêt personnel de l'individu à savoir. L'éducation ne peut pas être laissée à elle-même. Dans une large mesure, les arts créatifs de la peinture, de la sculpture et de la musique peuvent être laissés sans autre reconnaissance de la part de l'État et de la loi qu'un généreux soutien pécuniaire. Mais l'éducation, par nécessité évidente, doit faire l'objet d'une attention constante et d'une réglementation détaillée de la part de la société dans son ensemble. Quelles que soient les lacunes, il faut les admettre et y faire face ou les atténuer du mieux que l'on peut. (11)

Q : Tu as souvent donné des conférences. Quel est ton moment le plus mémorable ?

R : Il y a une expérience de ma tournée en tant que conférencier que je pourrai toujours regarder en arrière avec satisfaction. J'ai failli avoir le plaisir de tuer un homme en riant, et ce au sens le plus littéral du terme. Les conférenciers américains ont souvent rêvé de faire cela. J'ai failli le faire.

L'homme en question avait une allure apoplectique confortable et un visage rubicond et joyeux comme on en voit dans les pays où il n'y a pas de prohibition. Il était assis au fond de la salle et riait aux éclats.

Soudain, je me suis rendu compte qu'il se passait quelque chose. L'homme s'était effondré de côté sur le sol ; un petit groupe d'hommes s'est rassemblé autour de lui ; ils l'ont soulevé et je les ai vus l'emporter, masse silencieuse et inerte.

Comme je le devais, j'ai continué mon cours. Mais mon cœur battait la chamade de satisfaction. J'étais sûr de l'avoir tué.

Tu peux juger de la hauteur de ces espoirs lorsque, quelques instants plus tard, une note a été remise au président qui m'a alors demandé de faire une pause dans ma conférence et s'est levé pour demander : "Y a-t-il un médecin dans l'assistance ?"

Un médecin s'est levé et est sorti en silence.

La conférence a continué ; mais il n'y avait plus de rires ; mon but était maintenant devenu de tuer un autre d'entre eux, et ils le savaient. Ils étaient conscients que s'ils se mettaient à rire, ils risquaient de mourir.

Quelques minutes plus tard, une deuxième note fut remise au président. Il annonça très gravement : "Un deuxième médecin est demandé." La conférence se poursuivit dans un silence plus profond que jamais. Toute l'assistance attendait une troisième annonce. Elle arriva.

Un nouveau message fut remis au président. Celui-ci se leva et dit : "Si M. Murchison, le croque-mort, se trouve dans l'assistance, voudra-t-il bien sortir."

Cet homme, j'ai le regret de le dire, s'est rétabli. (12)

Q : Y a-t-il quelque chose de pire que d'avoir un chahuteur dans le public ?

R : Oui ! Je constate, par exemple, que partout où je vais, il y a toujours assis dans le public, à environ trois places de l'avant, un homme silencieux avec un gros visage immobile comme un melon. Il est toujours là. J'ai vu cet homme dans toutes les villes, de Richmond, dans l'Indiana, à Bournemouth, dans le Hampshire. Il me hante. Je m'attends à le voir. J'ai envie de le saluer d'un signe de tête depuis l'estrade. Et je constate que tous les autres conférenciers font la même expérience. Où qu'ils aillent, l'homme au grand visage est toujours là. Il ne rit jamais ; peu importe que les gens autour de lui soient pris de fous rires, il reste assis comme un roc - ou, non, comme un crapaud - inébranlable.

Je ne sais pas ce qu'il pense. Je ne peux pas deviner pourquoi il vient aux conférences. (13)

Q : Tu as donné des conférences dans le monde entier. Avez-vous des impressions que vous aimeriez partager ?

R : Je trouve que je reçois les impressions avec beaucoup de difficulté et que je n'ai rien de cette facilité à les saisir dont font preuve les écrivains britanniques sur l'Amérique. Je me souviens que Hugh Walpole m'a dit qu'il pouvait difficilement marcher sur Broadway sans en recevoir au moins trois dollars et sur la Cinquième Avenue cinq dollars ; et je me souviens que St. John Ervine est venu chez moi à Montréal, a bu une tasse de thé, a emprunté du tabac et est reparti avec soixante dollars d'impressions sur la vie et le caractère des Canadiens. (14)

Q : Peut-être que je pourrais réduire la liste pour toi ? Quelle a été ton impression de Londres, en Angleterre ?

R : Une signification beaucoup plus profonde se trouve dans l'examen des grands monuments historiques de la ville. Les principaux sont la Tour de Londres, le British Museum et l'Abbaye de Westminster.

Aucun visiteur de Londres ne devrait manquer de les voir. En fait, il devrait avoir le sentiment que sa visite en Angleterre est gâchée s'il ne les a pas vus.

Je m'exprime avec force sur ce point parce que j'en suis convaincu.

Pour moi, il y a quelque chose dans la fascination sinistre de la Tour historique, le calme cloîtré du Musée et la majesté de l'ancienne Abbaye, qui fera que je regretterai toute ma vie de ne pas avoir vu l'un de ces trois monuments. J'avais pleinement l'intention de le faire : mais j'ai échoué : et je ne peux qu'espérer que les circonstances de mon échec pourront être utiles à d'autres visiteurs. (15)

Q : Tu n'as vu aucun de ces lieux incontournables ? M. Leacock, pourquoi ?

R : J'avais certainement l'intention d'inspecter la Tour de Londres. Chaque jour, à la manière de tous les touristes, j'écrivais pour moi-même une petite liste de choses à faire et j'y mettais toujours la Tour de Londres. Le lecteur connaît sans doute le genre de petite liste dont je parle. Elle se présente comme suit :

1. Va à la banque.
2. Achète une chemise.
3. Va à la galerie nationale d'images.
4. Les lames de rasoir.
5. Tour de Londres.
6. Savon.

Cet itinéraire, j'ai le regret de le dire, n'a jamais été réalisé dans son intégralité. (16)

Q : Peut-être préférais-tu te fondre dans la masse - pour que les gens ne puissent pas jouer à repérer le touriste ?

R : Après tout, les Londoniens, en ne voyant pas leurs propres merveilles, ne font que ressembler au reste du monde. Les gens qui vivent à Buffalo ne vont jamais voir les chutes du Niagara ; les gens de Cleveland ne savent pas quelle est la maison de M. Rockefeller, et les gens vivent et même meurent à New York sans être montés au sommet du Woolworth Building.

Et de toute façon, le passé est lointain, et le présent est proche.

Je connais un chauffeur de taxi de la ville de Québec dont l'activité professionnelle consiste à conduire les gens sur les plaines d'Abraham, mais à moins qu'ils ne le dérangent pour le faire, il ne leur montre pas l'endroit où Wolfe est tombé : ce qu'il indique avec un réel enthousiasme, c'est l'endroit où le maire et le conseil municipal se sont assis sur la plate-forme en bois qu'ils ont montée pour la fête municipale d'un été. (17)

M. Leacock a commencé à s'effacer, tandis que la pluie commençait à s'abattre sur nous comme si nous étions au cœur d'une tempête. Il a souri en se penchant et en ramassant des feuilles d'érable croustillantes. Il a regardé leurs couleurs flamboyantes et a été clairement étonné de voir à quel point elles semblaient vivantes, même si elles ne faisaient plus partie de l'arbre. Il les porta à son nez et respira profondément, s'imprégnant de leur parfum. Un écureuil a jacassé au-dessus de nous, essayant de capter notre attention pendant que M. Leacock mettait les feuilles dans sa poche et disparaissait de ma vue.

J'ai couru jusqu'à la voiture, où Madame Delatour s'était déjà réfugiée. Elle était assise à l'intérieur, les vitres embuées, et écoutait "Barry Manilow's Greatest Hits".

Bientôt, nous avons quitté les collines de la Gatineau, ayant eu le privilège de rencontrer M. Stephen Leacock à un moment et à un endroit très inattendus.

M. Leacock propose une liste très complète d'ouvrages, notamment des essais sur l'économie et bien d'autres sujets. J'espère que cet entretien n'a fait qu'aiguiser ton appétit et je peux personnellement me porter garant de ce qui suit :

Lapsus littéraires

Sunshine Sketches of a Little Town (Croquis ensoleillés d'une petite ville)

Aventures arcadiennes avec les riches oisifs

Autres folies

Fiction frénétique

Comment présenter deux personnes l'une à l'autre

Circuits courts

Le Pickwick sec

Dernières feuilles

Ma découverte de l'Angleterre

L'humour : Sa théorie et sa technique, avec des exemples, un livre de découverte

Le garçon que j'ai laissé derrière moi

L'hallucination de M. Butt

Mon remarquable oncle

L'existence rétroactive de M. Juggins

L'aube de l'histoire canadienne : Une chronique du Canada autochtone

Rayons de lune d'une grande folie

Les romans sans queue ni tête

Une discussion sur la liberté et la contrainte dans l'éducation

Derrière l'au-delà

Fiction et réalité.

À la prochaine fois !
Cathy McGough
Ton intervieweuse des écrivains légendaires de l'au-delà

KIPLING DE NOUVEAU EN AUSTRALIE

UNE AUTRE SEMAINE S'EST écoulée. Où est passé le temps ?

Pour l'interview de cette semaine, nous remontons le temps. Retour, retour, au moment où Madame Delatour a fait entrer Rudyard Kipling dans ma maison.

M. Kipling a écrit un poème qui est devenu mon hymne pendant les années difficiles de l'adolescence. Je l'ai affiché sur le mur de ma chambre sur un poster géant et je suis encore capable de le réciter par cœur :

C'EST FAISABLE

SI tu peux garder la tête froide quand tout le monde autour de toi perdent la leur et te le reprochent,

SI tu peux te faire confiance quand tous les hommes doutent de toi,

Mais fais place à leurs doutes aussi ;

SI tu peux attendre et ne pas être fatiguée par l'attente,

Si tu peux attendre et ne pas être fatiguée par l'attente, Si tu peux attendre et ne pas être fatiguée par l'attente,

Ou d'être détesté, ne cède pas à la haine,

Et pourtant, ne sois pas trop beau, et ne parle pas trop sagement :

SI tu peux rêver - et ne pas faire des rêves ton maître ;

SI tu peux penser - et ne pas faire des pensées ton but,

SI tu peux rencontrer le triomphe et le désastre

Et traiter ces deux imposteurs de la même façon.

SI tu peux supporter d'entendre la vérité que tu as dite

Déformée par des crétins pour en faire un piège pour les imbéciles,

Ou de voir les choses pour lesquelles tu as donné ta vie, brisées,

Et s'abaisser à les reconstruire avec des outils usés ;

SI tu peux faire un tas de tous tes gains

Et le risquer sur un seul tour de jeu,

Et perdre, et recommencer à zéro.

Et ne jamais souffler mot de ta perte ;

SI tu peux forcer ton cœur, tes nerfs et tes tendons

Pour servir ton tour longtemps après qu'ils soient partis,

Et ainsi tenir bon quand il n'y a plus rien en toi

Sauf la volonté, qui leur dit : "Tiens bon !"

SI tu peux parler avec les foules et garder ta vertu,

Ou marcher avec les rois - sans perdre le contact commun,

SI ni les ennemis ni les amis aimants ne peuvent vous faire du mal,

SI tous les hommes comptent avec toi, mais sans excès ;

SI tu peux remplir la minute impitoyable

avec soixante secondes de distance parcourue,

La Terre et tout ce qu'elle contient t'appartiennent,

Et - ce qui est le plus - tu seras un homme mon fils ! (1)

Qui ne peut pas - ne veut pas - être inspiré par ces mots ?

Rudyard Kipling est né le 30 décembre 1865, et il a passé son enfance à Bombay, en Inde.

À ce moment-là, M. Kipling est arrivé sur le balcon et je lui ai souhaité la bienvenue chez moi, à Sydney, en Australie.

Je l'ai imploré de s'asseoir et lui ai offert un verre du meilleur porto d'Australie. Il a accepté un verre et je m'en suis servi un pour moi, puis nous avons porté un toast aux pies - notre seul public.

Q : Comment en es-tu venu à nommer ta maison "Naulahka" ?

R : "Naulahka" est tiré d'un roman que j'ai écrit en collaboration avec mon beau-frère Wolcott-Balestier. Il signifie "Le joyau". Ma femme Caroline et moi avons trouvé ce nom parfait pour le bungalow que nous avions fait construire à Brattleboro, dans le Vermont, en 1892. Nous y avons vécu très heureux pendant près de cinq ans. (2)

Q : As-tu toujours aimé lire ?

R : J'étais myope de naissance, mais quand j'étais enfant, je lisais continuellement et de façon omnivore des dizaines et des dizaines d'auteurs dramatiques anciens... les voyages de Hakluyt, les traductions françaises des auteurs moscovites Pouchkine et Lermontov.

Quand Père et Mère ont appris que je savais lire, ils m'ont envoyé des volumes d'une valeur inestimable. J'en ai conservé un toute ma vie, un exemplaire relié du "Aunt Judy's Magazine" du début des années 70, dans lequel figurait "Mrs. Ewing's Six to Sixteen".

Je dois à ce conte, par des voies détournées, plus que je ne peux le dire. Je le connaissais, comme je le connais encore, presque par cœur. Il s'agissait d'une histoire de personnes et de choses réelles. C'était mieux que les "Contes à l'heure du thé" de Knatchbull-Hugessen. Mieux encore que "The Old

Shikari" avec ses gravures sur acier de cochons en train de charger et de tigres en colère.

Sur un autre avion se trouvait un vieux magazine avec "J'ai escaladé le sombre front du puissant Helvellyn" de Scott. Je ne savais rien de sa signification, mais les mots m'émouvaient et me plaisaient. Il en est de même pour d'autres extraits de poèmes de A. Tennyson.

Lorsque mon père m'a envoyé "Robinson Crusoé" avec des gravures sur acier, je me suis lancé seul dans le commerce avec les sauvages (les naufrages du conte ne m'ont jamais beaucoup intéressé), dans une pièce moisie du sous-sol où je supportais mes confinements solitaires. Mon appareil se composait d'une coquille de noix de coco attachée à un cordon rouge, d'une malle en fer-blanc et d'un morceau de carton d'emballage - qui empêchait tout autre monde de pénétrer dans la pièce. Ainsi, clôturé, tout ce qui se trouvait à l'intérieur de la clôture était bien réel, mais mélangé à l'odeur des armoires humides. Si le morceau de carton tombait, je devais recommencer la magie. J'ai appris depuis, auprès d'enfants qui jouent beaucoup seuls, que cette règle du recommencement dans un jeu de faire semblant n'est pas rare. La magie, vois-tu, réside dans l'anneau ou la clôture où tu te réfugies. (3)

Q : J'ai cru comprendre que vous aviez acheté des terres canadiennes pendant votre lune de miel ?

R : Caroline et moi nous sommes mariés à l'église de Langham Place - Gosse - et quelques jours plus tard, nous étions sur notre tapis volant, qui devait nous emmener faire le tour de la terre, en commençant par le Canada sous la neige.

Parmi nos cadeaux de mariage, il y avait une généreuse flasque en argent remplie de whisky, mais d'une habitude incontinente. Elle fuyait dans la valise où elle reposait avec des chemises de flanelle. Et elle a parfumé tout le Pullman d'un bout à l'autre avant que nous n'arrivions à la cause. À ce moment-là, tous nos compagnons de voyage avaient pitié de cette pauvre fille qui avait lié sa vie à cet ivrogne éhonté.

C'est ainsi que, dans une fausse atmosphère qui nous était propre et innocente, nous sommes arrivés à Vancouver, où, dans une perspective d'avenir et pour prouver notre richesse, nous avons acheté, ou pensé que nous avions acheté, vingt acres d'une région sauvage appelée North Vancouver, qui fait aujourd'hui partie de la ville.

Mais il y avait un piège, comme nous l'avons découvert bien des années plus tard quand, après avoir payé des impôts sur ce terrain pendant si longtemps, nous avons découvert qu'il appartenait à quelqu'un d'autre. Les souriants habitants de Vancouver nous ont alors consolés en nous disant :

"Tu l'as acheté à Steve, n'est-ce pas ? Ah-ah, Steve ! Tu n'aurais pas dû l'acheter à Steve. Non ! Pas chez Steve."

Et c'est ainsi que le bon Steve nous a guéris de la spéculation immobilière. (4)

Q : Accepte mes excuses (en tant que Canadien de naissance) pour le détournement de tes fonds par Steve. Peut-être que Steve était un militant des droits des animaux et qu'il a entendu dire que tu avais une passion pour la chasse ?

R : Je chassais dans les bois, pas avec des fusils, mais avec les yeux. J'aimais les bois pour eux-mêmes et non pour l'abattage. Il n'y avait rien d'aussi glorieux que le parfum de soleil et de pin de la campagne de Nouvelle-Angleterre. Surtout en été. L'été de la Nouvelle-Angleterre a du sang créole dans les veines. (5)

Q : Tu étais une journaliste à succès en Inde, et tu espérais poursuivre ta carrière lorsque tu t'es installée aux États-Unis.

R : J'avais vingt-quatre ans et j'écrivais depuis quelques années. J'avais déjà écrit "The Man Who Would Be King".

Quoi qu'il en soit, le rédacteur en chef m'a dit : "Je suis désolé, M. Kipling, mais vous ne savez tout simplement pas comment utiliser la langue anglaise. Vous excuserez ma franchise, mais "The Examiner" n'est pas un jardin d'enfants pour écrivains amateurs. (6)

Q : Aïe, ça a dû faire mal ! Mais tu as toujours été bien accueilli et adoré en Australie. En fait, l'Australie honore toujours ta visite ici en 1821, par une plaque sur Circular Quay. Quels sont tes souvenirs de l'Australie ?

A : Mes souvenirs de voyages en Australie sont mêlés à des trains qui me transfèrent, à des heures indues, d'une voie d'État trop exclusive à une autre ; à des cieux énormes et à des salles de rafraîchissement primitives, où je buvais du thé chaud et mangeais du mouton, tandis que de temps en temps un vent chaud, comme l'aspect du Pendjab, sortait du vide en grondant. Je suis également allé à Sydney, qui était peuplé de multitudes de personnes âgées, toutes en manches de chemise et pique-niquant toute la journée. (7)

Q : J'aimerais beaucoup t'entendre réciter un poème. Pourriez-vous lire "Cities, Thrones and Powers" - un autre de mes poèmes préférés.

R : Excellent choix !

VILLES, TRÔNES ET POUVOIRS
Villes, trônes et pouvoirs
Se tiennent dans l'œil du temps,
Presque aussi longtemps que les fleurs,
Qui meurent chaque jour :
Mais comme de nouveaux bourgeons
Pour réjouir de nouveaux hommes,
De la terre usée et inconsidérée
Les villes s'élèvent à nouveau.
La jonquille de cette saison,

Elle n'entend jamais

Quel changement, quel hasard, quel froid,

A coupé celle de l'année dernière ;

Mais avec un visage audacieux,

et avec peu de connaissances,

Estime que sa durée de vie est de sept jours,

comme étant perpétuelle.

Ainsi, le temps qui s'écoule avec bonté

Pour tout ce qui existe,

Nous rend toujours aussi aveugles,

aussi audacieux qu'elle :

Que dans notre mort même,

Et l'enterrement sûr,

L'ombre à l'ombre, bien persuadée, dit,

"Voyez comme nos œuvres perdurent !" (8)

Q : Comme c'est vrai ! Et en parlant de gestion du temps, avais-tu une routine d'écriture quotidienne stricte ?

R : Je travaillais rigoureusement tous les jours de 9 heures à 13 heures à mon bureau. Je n'étais jamais dérangé, car pour entrer dans mon bureau, il fallait passer par une pièce plus petite - on l'appelait la chambre du dragon - où ma femme était assise avec ses aiguilles à tricoter et surveillait de près tout intrus indésirable. C'est là que j'ai écrit "Captain Courageous" et les deux livres de la jungle. La vigilance de Mme Kipling n'a donc pas été vaine. (9)

Q : J'ai lu quelque part que si tu écris exactement à la même heure et au même endroit chaque jour, ta muse saura toujours où et quand te trouver. Es-tu d'accord ?

R : La magie de la littérature réside dans les mots, et non dans un homme. Témoin, mille mots excellents et ardus peuvent nous laisser froids ou nous endormir, alors qu'une demi-centaine de mots soufflés par un homme dans son agonie, dans son exaltation ou dans son oisiveté, il y a dix générations, peuvent encore conduire des nations entières en captivité et les en faire sortir, nous ouvrir les portes des trois mondes, ou nous remuer si intolérablement que nous pouvons à peine supporter de regarder nos propres âmes. C'est un miracle qui se produit très rarement. Mais secrètement, chacun des hommes sans maître qui possèdent les mots a l'espoir, ou a eu l'espoir, que le miracle puisse s'accomplir à nouveau à travers lui. (10)

Q : Que pensez-vous de l'origine de la fiction ?

R : La fiction a commencé lorsqu'un homme a inventé une histoire à propos d'un autre homme. Elle s'est développée lorsqu'un autre homme a raconté des histoires sur une femme. Cette époque difficile a engendré la première école de critique destructive, ainsi que le Premier Critique, qui a passé sa vie courte mais vivante à essayer d'expliquer qu'un homme n'a pas besoin d'être une poule pour juger des mérites d'une omelette. Il est mort ; mais la question qu'il a soulevée est toujours d'actualité. Les premiers écrivains l'ont héritée de leurs ancêtres non lettrés, qui leur ont également légué tout le stock d'intrigues et de situations primitives - ces cinquante comédies et tragédies ultimes auxquelles les Dieux limitent miséricordieusement l'action et la souffrance humaines. La plupart des arts admettent qu'il n'est pas opportun de tout dire à tout le monde. La fiction ne connaît pas cette limite. Il n'y a pas d'émotion ou d'humeur humaine qu'il est interdit d'attaquer - il n'y a pas de canon de réserve ou de pitié qui doit être respecté dans la fiction. Pourquoi devrait-il en être ainsi ? Après tout, l'homme ne dit pas la vérité. Il ne fait qu'écrire une fiction. Pendant qu'il l'écrit, son monde en extraira juste la part de vérité ou de plaisir dont il a besoin pour le moment. Avec le temps, un peu plus ou beaucoup moins du résidu peut être reporté sur le compte général, et là, peut-être, détourné à des fins dont l'auteur n'a jamais rêvé. (11)

Q : On raconte que tu as donné le manuscrit du "Livre de la jungle" à un membre de ta famille. Est-ce vrai ?

R : Le manuscrit a été offert à une infirmière qui s'était dévouée à mon premier enfant. Je lui ai conseillé de prendre le scénario et, un jour, si elle avait besoin d'argent, elle pourrait le vendre à un prix intéressant.

Des années plus tard, lorsqu'elle a eu besoin d'argent, elle l'a vendu et a bien vécu jusqu'à la fin de sa vie. (12)

Q : Quel geste généreux ! Comment avez-vous ressenti le fait d'être courtisée par le "Ladies Home Journal" ?

R : Pas du tout. Des millions de lecteurs ont apprécié "Le Livre de la jungle" et j'ai reçu plus d'offres de magazines que je n'ai pu en accepter.

Une fois, le rédacteur en chef du "Ladies Home Journal", Edward W. Bok, m'a demandé d'écrire une histoire pour son magazine. Je n'aimais pas ce magazine et j'ai donc demandé un tarif exorbitant pour l'article, espérant ainsi effrayer le rédacteur en chef.

Cependant, M. Bok a accepté le prix, j'ai donc rédigé l'histoire de "Guillaume le Conquérant", je l'ai jetée dans la boîte aux lettres et j'ai pensé que c'était la fin de l'affaire. Mais ce n'était pas le cas.

Quelques jours plus tard, j'ai reçu un mot de M. Bok, disant que l'histoire était "excellente", mais que cela me dérangerait de faire un "changement mineur mais nécessaire dans la copie".

L'article contenait une référence au whisky et au champagne, deux boissons qui étaient taboues dans le "Ladies Home Journal". M. Bok m'a demandé si j'aurais "l'amabilité de les remplacer par deux boissons plus douces".

J'ai répondu promptement par : Non, M. Kipling ne serait pas assez aimable. Soit vous prenez le whisky, soit vous rendez l'histoire.

Finalement, M. Bok a publié l'histoire telle que je l'avais écrite. J'ai donc été le premier homme à avoir le privilège de verser un verre de whisky dans les pages du "Ladies Home Journal". (13)

Q : As-tu un conseil à donner aux futurs écrivains ?

R : Faites votre devoir, vivez stoïquement, vivez proprement, vivez joyeusement. (14)

M. Kipling a disparu instantanément sans même avoir le temps de faire un signe de tête ou de dire au revoir.

Si tu n'as pas encore lu les œuvres de M. Kipling, tu vas être comblé. Découvre-les pour commencer - et tu en voudras bientôt encore et encore :

L'homme qui serait roi

Le Naulahka - Une histoire d'Ouest et d'Est

Le Livre de la Jungle

Les capitaines courageux

Le travail du jour

Kim

Un livre de mots

Quelque chose de moi

Les chansonnettes du ministère

Le jardin d'un enfant

Une légende de vérité

L'heure de l'ange

Le chat qui marchait tout seul

Un chemin de pèlerin.

Poi carukiren !

Cathy McGough

Ton intervieweuse des écrivains légendaires de l'au-delà

DICKENS ET LES COLLINES DE TELETUBBY

Bienvenue mes amis pour l'interview de cette semaine avec l'un des plus grands écrivains de l'histoire du monde : M. Charles Dickens. L'assistance se tait !

Tu es sur le point de rencontrer un homme, qui a été capable d'écrire non pas un roman, ni deux romans, mais TROIS romans en une seule année ! M. Dickens ne s'est pas arrêté là non plus ! Il a également édité un magazine et écrit une opérette pendant son "temps libre"." (1) Sa muse était vraiment occupée !

Je pense que personne ne serait en désaccord avec moi si je déclarais M. Dickens vainqueur dans la catégorie des premières lignes célèbres. En attendant l'arrivée de M. Dickens, voyons si tu peux identifier l'œuvre d'où provient ce vers :

Je suis né. (2)

Le connais-tu ? Peut-être as-tu besoin d'un petit indice ? Alors voilà :

Que je sois le héros de ma propre vie ou que cette place soit occupée par quelqu'un d'autre, ces pages doivent le montrer. (3)

As-tu deviné ? Oui, tu as raison si tu penses que cette phrase est tirée de "David Copperfield" qui a été publié pour la première fois en 1869.

Il est bientôt l'heure pour M. Dickens de faire son apparition et je me dirige donc vers l'endroit où se déroulera notre entretien. Ici, M. Dickens et moi serons entourés de la beauté naturelle de l'Australie : de magnifiques gommiers, la rivière Cooks, des collines ressemblant à des télé-tubes, un parc et un terrain de football inoccupé.

Charles Dickens est né à Lanport, dans le comté de Hampshire, en Angleterre, le 7 février 1812. Enfant, lorsque son père se retrouve en difficulté financière, Charles travaille dans une usine de Blacking pendant que sa famille est placée dans une prison pour débiteurs en 1824. Après une enfance difficile, il fréquente l'Académie Wellington à Londres où il reçoit une certaine éducation et devient plus tard reporter.

Ah, voici maintenant M. Dickens, qui marche dans ma direction sur le terrain de football vide.

Il semblait quelque peu émerveillé par ce qui l'entourait et, tout en le regardant, je me demandais où diable se trouvait Madame Delatour. Elle ne devait pas faire sentir à M. Dickens qu'il était le bienvenu puisqu'elle n'était nulle part en vue.

Réalisant qu'il était totalement livré à lui-même, je me suis levée du banc de bois et je me suis dirigée vers lui. Alors que nous nous rapprochions de plus en plus l'un de l'autre, j'ai remarqué son apparence plutôt étrange.

Ne sachant pas où regarder, j'ai regardé au loin où j'ai aperçu Madame, cachée derrière un arbre et ricanant. Parfois, elle peut être très grossière !

M. Dickens m'a tendu la main et m'a dit :

Une fleur qui prend vie - c'est le look que j'essayais d'obtenir. Comment me suis-je débrouillée ? (4)

J'ai réfléchi à son intention, en prenant son apparence de haut en bas. Après tout, il m'avait demandé mon avis. Ses cheveux, sa barbe et sa moustache d'un roux ardent. Son gilet vert vif. Son pantalon lavande. Sa cravate écarlate. Ses yeux rayonnants. (5)

Je lui ai assuré qu'en effet il avait réussi, car les oiseaux et les abeilles ne mentent jamais.

Content de lui, il a cousu son bras sous le mien, tandis que nous marchions vers le banc du parc. C'est alors que M. Dickens demanda :

En quoi puis-je vous être utile, chère madame ?

Q : Tout d'abord, je vous remercie de vous joindre à moi aujourd'hui. Beaucoup d'écrivains pensent qu'il faut vivre les choses de première main pour pouvoir écrire à leur sujet. Oliver Twist" était-il autobiographique ?

R : Mon père a été envoyé à la prison des débiteurs pendant trois mois pour une dette de 40 livres. Comme nous étions très pauvres, j'ai été envoyé à l'âge de douze ans dans une usine de noircissement. C'est là que j'ai rencontré mon "Fagin". Elle était située dans un vieux bâtiment pourri près des escaliers de Hungerford. Je ne m'y sentais pas à ma place et, sans éducation, je savais que j'avais été condamné à la routine sans espoir d'un esclave salarié. Je n'y suis resté que cinq mois, mais en tant qu'enfant, j'avais l'impression que j'y resterais pour toujours. (6)

Q : Quel regard portez-vous sur cette période de votre vie ?

R : Je trouve merveilleux que l'on ait pu me jeter si facilement à un tel âge. Je trouve merveilleux que, même après ma descente dans la pauvre petite corvée que j'étais depuis notre arrivée à Londres, personne n'ait eu assez de compassion pour moi - un enfant aux capacités singulières, rapide, enthousiaste, délicat et vite blessé physiquement ou mentalement - pour suggérer qu'on aurait pu épargner quelque chose, comme on l'aurait certainement fait, en me plaçant dans une école commune. (7)

Q : Et donc, vous avez créé un personnage auquel vous pouviez vous identifier, tout en informant vos lecteurs ?

R : Je voulais que ce soit l'histoire des choses telles qu'elles sont réellement. "Oliver Twist" était un document social, un exposé des horreurs vécues par les pauvres et les hors-la-loi. Je souhaitais montrer les conditions terrifiantes du workhouse, causées par la Poor Law de 1834, une loi conçue pour rendre les secours si peu attrayants que seuls les plus désespérés y auraient recours. La philosophie qui sous-tendait la loi sur les pauvres était que les indigents affluaient au workhouse parce qu'ils aimaient y être, une attitude qui était ridicule.

Ainsi, je l'ai décrit comme tel : un lieu régulier de divertissement public... une taverne où il n'y avait rien à payer ; un petit déjeuner, un dîner, un thé et un souper publics tout au long de l'année ; un Elysium en briques et en mortier. La nouvelle loi rendait les rations si maigres que les pauvres mourraient de faim plus rapidement dans un workhouse qu'à l'extérieur. Le menu comprenait : Trois repas de bouillie maigre par jour, avec un oignon deux fois par semaine, et un demi-rouleau, le dimanche. (8)

Q : Comment en es-tu venu à écrire "Un conte de deux villes" ?

R : C'est en jouant avec mes enfants et mes amis dans la pièce "The Frozen Deep" de M. Wilkie Collins que j'ai conçu l'idée principale de cette histoire. À l'époque, je désirais ardemment l'incarner dans ma propre personne ; et j'ai tracé dans ma fantaisie, avec un soin et un intérêt particuliers, l'état d'esprit qu'il faudrait présenter à un spectateur observateur.

Au fur et à mesure que l'idée me devenait familière, elle prenait peu à peu sa forme actuelle. Tout au long de son exécution, elle a eu une totale possession de moi ; j'ai vérifié ce qui était subi sur les pages, comme je l'avais subi moi-même. (9)

Q : "David Copperfield" est un roman passionnant du début à la fin. Combien de temps vous a-t-il fallu pour l'écrire ?

R : Le lecteur se soucie peu, peut-être, de savoir avec quelle tristesse on dépose le stylo à la fin d'un travail d'imagination de deux ans ; ou comment un auteur a l'impression de rejeter une partie de lui-même dans le monde de l'ombre, alors qu'une foule de créatures de son cerveau s'éloignent de lui à tout jamais. Pourtant, je n'avais rien d'autre à dire, à moins que je ne doive avouer que personne ne peut jamais croire le récit, à la lecture, plus que je ne l'ai cru à l'écriture. (10)

Q : Beaucoup ont comparé l'écriture d'un roman à un accouchement... Vos deux années de dur labeur ont certainement donné naissance à un personnage mémorable.

R : De tous mes livres, c'est celui que je préfère. On croira facilement que je suis un parent affectueux pour chaque enfant de ma fantaisie, et que personne ne pourra jamais aimer cette famille aussi tendrement que je l'aime. Mais, comme beaucoup de parents affectueux, j'ai au fond de moi un enfant préféré. Il s'appelle David Copperfield. (11)

DAVID COPPERFIELD

Chapitre 1

Je suis né.

Que je sois le héros de ma propre vie ou que cette place soit occupée par quelqu'un d'autre, ces pages doivent le montrer. Pour commencer par le début de ma vie, je vous informe que je suis né (comme on me l'a dit et comme je le crois) un vendredi, à douze heures du soir. On a remarqué que l'horloge s'est mise à sonner et que j'ai commencé à pleurer simultanément.

Compte tenu du jour et de l'heure de ma naissance, l'infirmière et quelques sages femmes du voisinage qui s'étaient intéressées à moi plusieurs mois avant qu'il soit possible que nous fassions personnellement connaissance ont déclaré, premièrement, que j'étais destinée à être malchanceuse dans la vie et, deuxièmement, que j'avais le privilège de voir les fantômes et les esprits ; ces deux dons s'attachant inévitablement, comme elles le croyaient, à tous les enfants malchanceux des deux sexes, nés vers les petites heures d'un vendredi soir. (12)

Q : M. Dickens, lorsque vous vous êtes rendu en Amérique du Nord pour la première fois en 1842, quel est le souvenir le plus marquant de ce long voyage ?

R : Le troisième matin, j'ai été tiré de mon sommeil par un cri lugubre de ma femme, qui demandait à savoir s'il y avait un danger. J'ai ouvert les yeux et j'ai regardé hors du lit.

La cruche à eau plongeait et bondissait comme un dauphin plein de vie ; tous les petits objets étaient à flot, à l'exception de mes chaussures, qui étaient échouées sur un sac à tapis, bien au sec, comme deux barges à charbon. Soudain, je les ai vues s'élever dans les airs, et voici que le miroir, qui était cloué au mur, s'est retrouvé collé au plafond. En même temps, la porte avait entièrement disparu et une nouvelle s'ouvrait sur le sol. C'est alors que j'ai commencé à comprendre que la cabine était sur la tête. (13)

Q : Vous et votre femme avez dû être pétrifiés. Vous qui avez le mal de mer en prenant le ferry pour traverser le port de Sydney, comment avez-vous voyagé ?

R : Je n'ai pas eu le mal de mer, dans l'acceptation ordinaire du terme ; j'aurais aimé l'avoir, mais sous une forme que je n'ai jamais vue ou entendue décrite, bien que je ne doute pas qu'elle soit très courante.

Je suis resté allongé là, toute la journée, froidement et avec satisfaction ; sans aucun sentiment de lassitude, sans aucun désir de me lever, d'aller mieux ou de prendre l'air ; sans aucune curiosité, ni souci, ni regret, de quelque sorte ou degré que ce soit, sauf que je crois me souvenir, dans cette indifférence universelle, d'avoir éprouvé une sorte de joie paresseuse - un plaisir diabolique, si quelque chose d'aussi léthargique peut être digne de ce titre - du fait que ma femme était trop malade pour me parler. (14)

Q : Les voyages en train étaient-ils meilleurs ?

R : Nous avons parcouru des kilomètres et des kilomètres dans de profondes solitudes, sans aucun signe de vie humaine ni trace de pas humain ; on ne voyait rien bouger autour d'eux, sauf le geai bleu, dont la couleur était si vive et pourtant si délicate qu'il ressemblait à une fleur volante. (15)

Q : Oh oui, le geai bleu. Quel tableau parfait tu as brossé. Pourrais-tu partager tes souvenirs de l'un des plus beaux endroits au monde, les chutes du Niagara ?

R : Lorsque je m'en suis approché sur le ferry, c'est-à-dire lorsque j'ai senti à quel point je me tenais près de mon Créateur, le premier effet - instantané et durable - de ce formidable spectacle a été la paix, la tranquillité d'esprit : La tranquillité : Des souvenirs calmes des morts : De grandes pensées de repos éternel et de bonheur : rien de sombre et de terrifiant. Le Niagara a été immédiatement gravé dans mon coeur comme une image de beauté, pour y rester, immuable et indélébile, jusqu'à ce que ses pulsations cessent de battre, pour toujours.

Oh, comme les luttes et les ennuis de notre vie quotidienne se sont éloignés de ma vue et ont diminué au loin pendant les dix jours mémorables que nous avons passés sur cette terre enchantée !

Quelles voix s'élevaient de l'eau tonitruante, quels visages, effacés de la terre, me regardaient depuis ses profondeurs étincelantes, quelle promesse céleste brillait dans les larmes des anges, les gouttes aux multiples teintes qui tombaient en pluie et s'enroulaient autour des arcs magnifiques que formaient les arcs-en-ciel changeants !

Se promener toute la journée et voir les cataractes de tous les points de vue ; se tenir au bord de la grande chute du Fer à cheval, voir l'eau pressée prendre de la force à mesure qu'elle s'approche du bord, mais sembler aussi faire une pause avant de se jeter dans le golfe en contrebas ; contempler le torrent depuis le niveau de la rivière alors qu'il descend en trombe ; grimper sur les hauteurs voisines et l'observer à travers les arbres, et voir l'eau ondulante dans les rapides se précipiter pour faire son plongeon effrayant ; m'attarder à l'ombre des rochers solennels, trois miles plus bas, regarder la rivière qui, sans cause visible, s'agite, s'échauffe et réveille les échos, tout en étant troublée, loin sous la surface, par son saut de géant ; avoir le Niagara devant moi, éclairé par le soleil et la lune, rouge au déclin du jour, et gris lorsque le soir tombe lentement sur lui ; le regarder chaque jour, et me réveiller la nuit en entendant sa voix incessante : cela suffisait. (16)

Q : Quel voyage à la maison, M. Dickens. Merci ! Avez-vous des conseils à donner aux écrivains en 2003 et au-delà ?

A : Je dirais simplement que je crois qu'aucun homme véritable, ayant quelque chose à dire, ne doit avoir la moindre appréhension, que ce soit pour lui-même ou pour son message, devant un grand nombre d'auditeurs - toujours en supposant qu'il ne soit pas affligé par l'idée coxcombique d'écrire pour l'intelligence populaire, au lieu d'écrire l'intelligence populaire pour lui-même, si par hasard il est au-dessus d'elle ; - et, à condition toujours qu'il se livre clairement sur ce qu'il a en lui, ce qui ne semble pas être une stipulation déraisonnable, étant supposé qu'il a un faible dessein de se faire comprendre. (17)

Q : J'ai bien peur que le temps qui nous est imparti touche à sa fin. Voulez-vous réciter un poème pour moi ? Si vous commencez à faiblir, je le terminerai pour vous.

Lorsque M. Dickens a commencé à lire, des enfants sont apparus un par un, de l'autre côté des collines qui ressemblent à des télé-tubes. Au début, ils ont gloussé devant ce drôle de bonhomme, habillé comme une fleur, et il leur a fait un clin d'œil. Ils se sont rassemblés autour de lui et l'ont écouté attentivement :

A : Ce poème est pour vous tous les petits, approchez-vous, je ne mords pas.

Il sourit en voyant les enfants s'approcher et attendit qu'ils soient tous tranquillement assis, puis il commença :

LES ENFANTS

Lorsque les leçons sont toutes terminées,

Et que l'école pour la journée est terminée,

Et que les petits se rassemblent autour de moi

Pour me souhaiter bonne nuit et m'embrasser ;

Oh ! Les petits bras blancs qui entourent

Mon cou dans une tendre étreinte !

Oh ! les sourires qui sont des auréoles du ciel

Qui répandent le soleil de la joie sur mon visage !

Et quand ils sont partis, je m'assois en rêvant

De mon enfance, trop belle pour durer ;

De l'amour dont mon cœur se souvient bien

Quand il s'éveille au pouls du passé,

Avant que le monde et sa méchanceté ne fassent de moi

Une part de chagrin et de péché -

Quand la gloire de Dieu m'entourait,

Et la gloire de l'allégresse à l'intérieur.

Oh ! mon coeur devient aussi faible que celui d'une femme

Et la fontaine des sentiments s'écoule

Quand je pense au chemin, escarpé et rocailleux,

Où les pieds des êtres chers doivent aller ;

Aux montagnes de péchés qui les recouvrent.

De la tempête du destin soufflant sauvagement ;
Oh ! Il n'y a rien sur terre qui soit à moitié aussi saint
Que le coeur innocent d'un enfant.
Ils sont les idoles des cœurs et des foyers ;
Ce sont des anges de Dieu, déguisés ;
La lumière de son soleil dort encore dans leurs cheveux,
Sa gloire brille encore dans leurs yeux.
Oh ! ces enfants de la maison et du ciel qui font l'école buissonnière.
Ils me rendent plus viril et plus doux ;
Et je sais maintenant comment Jésus peut comparer
Le royaume de Dieu à un enfant.
Je ne demande pas une vie pour les êtres chers,
Toute radieuse, comme d'autres l'ont fait ;
Mais que la vie ait juste assez d'ombre
Pour tempérer l'éclat du soleil.
Je prierais Dieu de les protéger du mal -
Mais ma prière se ramènerait à moi-même -
Un séraphin peut prier pour un pécheur,
Mais un pécheur doit prier pour lui-même.
La brindille est si facilement pliée,
J'ai banni la règle et le bâton ;
Je leur ai enseigné la bonté de la connaissance,
Ils m'ont enseigné la bonté de Dieu.
Mon cœur est un donjon de ténèbres ;
Quand je les empêche d'enfreindre une règle ;
Mon froncement de sourcils est une correction suffisante -

Mon amour est la loi de l'école.
Je quitterai la vieille maison à l'automne
Pour ne plus franchir son seuil.
Ah ! Comme je soupirerai pour les êtres chers
Qui m'accueillent chaque matin à la porte !
Les "bonsoirs" et les baisers me manqueront,
Et le jaillissement de leur joie innocente,
Le groupe sur la pelouse et les fleurs
Que l'on m'apporte chaque matin.

En prévision du départ imminent de M. Dickens, Madame Delatour l'a emmené à l'écart. J'ai continué à lire :

Ils me manqueront le matin et le soir,
Leurs chansons à l'école et dans la rue ;
Le faible bourdonnement de leurs voix me manquera,
Et le bruit de leurs pieds délicats
Quand les leçons et les tâches sont terminées,
Et que la mort dit : "L'école est finie".
Que les petits se rassemblent autour de moi
Pour me souhaiter bonne nuit et m'embrasser. (18)

Les enfants et les parents ont applaudi simultanément. Je me suis inclinée et j'ai pris le chemin de la maison.

Une partie de mon cœur se sentait troublée alors que je me promenais sur mon chemin habituel, serpentant autour de la rivière Cooks. Les vagues sautaient, semblant vouloir attirer mon attention. Je les ai vues, clapotant sur les rives, mais j'ai ignoré leur performance. Mon cœur se languissait de Niagara. Et aujourd'hui, rien ne pouvait apaiser cette nostalgie.

Les romans suivants te laisseront sur ta faim :

Oliver Twist

Nicholas Nickleby

Le vieux magasin de curiosités

Le conte de Noël

David Copperfield

Le conte des deux villes

Les grandes espérances

Notes américaines pour la circulation générale

Le chant de l'épave

L'histoire d'un écolier

L'histoire de personne

L'histoire d'un enfant.

Cheerio !

Cathy McGough

Ton intervieweuse des écrivains légendaires de l'au-delà

DOSTOÏEVSKI À HEATHROW

J E ME SOUVIENS TRÈS bien de ce jour, presque comme si c'était hier. Nous étions à l'aéroport d'Heathrow, attendant notre vol. La compagnie aérienne l'avait annulé, retardé - et ils ne semblaient pas avoir la moindre idée de quand nous serions en route.

Madame Delatour et moi étions à Londres depuis douze jours. En Angleterre, le mois de mai est synonyme de pluie et encore de pluie. C'est bon pour les fleurs, mais moins bon pour les touristes. L'un des endroits que nous avons visités avait plus d'importance pour nous à cause de la pluie.

J'ai pensé à Lyme Regis, la ville natale de John Fowles. Là, j'ai marché le long de "The Cobb" - sur les traces de la Sarah Woodruff de Fowles dans "The French Lieutenant's Woman" (La femme du lieutenant français). La pluie m'a trempée jusqu'à la peau tandis que le vent me forçait à sortir de plus en plus loin le long de l'étroite muraille du port. Je me sentais vulnérable aux éléments, sans protection, comme si le vent voulait que les manches de ma veste s'envolent.

Ramené à la réalité par une voix dans le haut-parleur, j'ai cherché Blanchetta dans la salle d'attente bondée. Elle semblait avoir disparu. J'ai vérifié les boutiques de souvenirs, les toilettes et tous les autres endroits auxquels je pouvais penser, mais je ne l'ai pas trouvée. Comme il n'y avait toujours pas de nouvelles de notre départ, je me suis allongé pour faire une autre sieste.

Quelques heures plus tard, le bruit de talons hauts résonnant dans les couloirs m'a réveillée en sursaut. Quelqu'un m'appelait par mon nom. J'ai essuyé le sommeil de mes yeux et Blanchetta s'est précipitée sur moi. Elle était si excitée qu'aucun mot ne sortait de sa bouche, bien que sa langue s'agitât.

Apparemment, elle s'était endormie et l'écrivain russe Fiodor Dostoïevski l'avait contactée. Il lui a demandé s'il serait possible de revenir en 2001 et de faire une interview. Blanchetta était manifestement enthousiaste à propos de M. Dostoïevski.

Au début, je n'étais pas sûr de l'endroit. Je regardais autour de moi, voyant les passagers aller et venir, faire des allers-retours, et je me demandais si quelqu'un reconnaîtrait notre invité s'il venait de faire irruption.

Après réflexion, nous avons décidé qu'il était trop risqué de ramener M. Dostoïevski sur terre dans un tel chaos. Des voyageurs mécontents se prélassaient partout, des enfants agités et des parents impatients

- il y avait bien trop de distractions pour donner à M. Dostoïevski l'attention qu'il méritait.

Finalement, nous avons demandé une chambre pour une réunion d'affaires - que la compagnie aérienne nous a gracieusement accordée. (Au moins, ils ont eu raison sur un point !)

Fiodor Dostoïevski est né le 30 octobre 1821 à Varvara, en Russie. Dire que M. Dostoïevski a eu une vie difficile est l'euphémisme de tous les temps. En 1866, lorsque son roman le plus célèbre "Crime et Châtiment" a été publié, il avait déjà écrit "Les pauvres gens", "Le double", "Notes de la maison morte" et "Notes du souterrain." En janvier 1879, son dernier roman, "Les frères Karamazov", se vend à 1 500 exemplaires en quelques jours. (1) Deux ans plus tard, il meurt dans une extrême pauvreté, ne laissant rien "que ses livres". (2)

En sortant mon exemplaire, j'ai commencé à lire :

NOTES DE LA CLANDESTINITÉ

Ce n'était pas seulement que je ne pouvais pas devenir rancunier, je ne savais pas comment devenir quoi que ce soit : ni rancunier ni gentil, ni un coquin ni un honnête homme, ni un héros ni un insecte.

M. Dostoïevski entre. Voyant que je lisais son livre, il me fit signe de le prendre. Je le lui ai tendu, avec mon marqueur de page. J'étais ravi quand il a commencé à me lire son œuvre.

Maintenant, je vis ma vie dans mon coin, me raillant avec la consolation méchante et inutile qu'un homme intelligent ne peut rien devenir de sérieux, et que c'est seulement l'idiot qui devient quelque chose. Oui, un homme du dix-neuvième siècle doit et devrait moralement être avant tout une créature sans caractère ; un homme de caractère, un homme actif, est avant tout une créature limitée. C'est la conviction que j'ai depuis quarante ans. J'ai quarante ans maintenant, et tu sais que quarante ans, c'est toute une vie ; tu sais que c'est une extrême vieillesse. Vivre plus de quarante ans, c'est mal élevé, c'est vulgaire, c'est immoral. Je vais te dire qui font les imbéciles et les bons à rien. Je le dis en face à tous les vieillards, à tous ces vénérables vieillards, à tous ces aînés aux cheveux argentés et révérends ! Je le dis en face au monde entier. J'ai le droit de le dire, car je vivrai moi-même jusqu'à soixante ans. Jusqu'à soixante-dix ans ! Jusqu'à quatre-vingts ans ! (3)

J'avais observé le spectacle de M. Dostoïevski. La façon dont sa barbe cuivrée s'insérait dans l'espace ouvert de la veste de son costume marron, effaçant totalement la chemise qu'il portait en dessous, était particulièrement intéressante. Ses yeux étaient pleins de rire pendant qu'il lisait, mais lorsqu'il a terminé, le rire a disparu pour laisser apparaître une profonde tristesse. Il a retrouvé son calme, a souri et s'est dirigé vers nous. Il nous a remerciés, Madame Delatour et moi, de lui avoir donné l'occasion de revenir à Londres en l'an 2001.

La voûte dans mon esprit s'est enclenchée. Je me suis souvenu avoir lu quelque part que M. Dostoïevski avait visité l'exposition universelle de Londres au Crystal Palace en 1862. (4)

Q : M. Dostoïevski, pouvez-vous me parler de votre première visite à Londres ?

R : L'exposition universelle était vraiment magnifique. On sentait l'énorme pouvoir qui avait attiré cette masse de gens du monde entier en un seul troupeau... Et peu importe à quel point vous vous sentiez libre et indépendant auparavant ; là, vous étiez saisi d'une peur inconnue....

Il y avait quelque chose de biblique dans cette scène, quelque chose de babylonien, comme si la prophétie de l'Apocalypse s'était réalisée. Tu as soudain pris conscience qu'il faudrait beaucoup de résistance spirituelle et de déni pendant des siècles pour résister à la pression et ne pas succomber complètement à l'impression impressionnante, ne pas s'incliner devant le fait et ne pas adorer Mammon, autrement dit, ne pas accepter l'existant pour l'idéal... (5).

Madame Delatour revint dans la pièce en portant quelques rafraîchissements. M. Dostoïevski aperçoit immédiatement le pot de thé fumant et en accepte une tasse. Il demande ensuite à Madame Delatour si elle aurait la gentillesse d'acheter du tabac pour qu'il puisse se rouler une cigarette. (6)

Ne voulant pas le gronder sur les mauvais effets du tabac (puisqu'il était déjà décédé), Madame Delatour lui apporte le nécessaire. Il a demandé à l'improviste :

Q : Pourrais-je avoir un porte-plume ? (7)

Aucun de nous n'en avait, mais j'ai passé mon Parker Pen et j'ai regardé M. Dostoïevski rouler la cigarette puis la placer entre ses lèvres.

Réalisant qu'il n'y avait pas d'allumettes à portée de main, Madame Delatour fait la proposition de quitter la pièce pour en acheter, mais Monsieur Dostoïevski explique que ce n'est pas nécessaire. Il propose de poursuivre l'entretien puisque notre temps est limité.

Q : Avez-vous toujours aimé lire, même lorsque vous étiez enfant ?

R : Mes frères et sœurs et moi-même (nous étions sept) nous délections de Walter Scott et des "Mille et une nuits" et nous avions une connaissance approfondie de "Robinson Crusoé". Nous passions les mois d'été dans la propriété de notre père à Darovoye, à deux jours de route de Moscou. Nous aimions faire semblant d'être sur une île déserte ou bien d'être des Indiens rouges tirés des pages du "Dernier Mohican". (8)

Q : Vous avez été emprisonné en Sibérie et soumis à des travaux forcés pendant quatre ans. Quel est le pire souvenir que tu gardes de ton séjour en prison ?

R : Être seul est une nécessité de l'existence normale, comme manger ou boire ; sinon, dans cette vie communautaire forcée, vous devenez un détracteur de l'humanité. La société des gens agit comme un poison ou une infection. Il y a eu des moments où j'ai détesté tous ceux qui ont croisé mon chemin, qu'ils soient irréprochables ou coupables, et je les ai considérés comme des voleurs qui me volaient ma vie en toute impunité. (9)

Il m'est apparu que si l'on voulait réduire un homme à néant - le punir atrocement pour que même le meurtrier le plus endurci tremble devant le châtiment, il suffirait de donner à son œuvre un caractère d'inutilité et d'absurdité totales. (10)

Q : On te donnait des livres pour passer le temps ?

R : Officiellement, je n'avais le droit de lire que "La Bible", mais au cours des derniers mois, un médecin bienveillant de l'hôpital m'a glissé entre les mains des traductions de "The Pickwick Papers" et de "David Copperfield." Dès que j'ai été libre, j'ai écrit à mon frère pour lui demander des livres, des livres et encore des livres. (11)

Q : Je suis en train d'écrire mon premier roman, y a-t-il un conseil que tu puisses me donner ?

R : Voici ce que je savais avec certitude lorsque j'ai commencé à écrire "L'Insulté et le Blessé", mon premier roman, à l'époque : 1) que même si le roman devait être un échec, il y aurait de la poésie dedans ; 2) qu'il y aurait deux ou trois passages brûlants et puissants ; 3) que les deux personnages les plus importants seraient dépeints avec véracité et même avec art. Cela m'a suffi. Le travail qui en a résulté était bizarre, mais il contient une cinquantaine de pages dont je suis fier... (12)

Q : Ayant lu "The Insulted and Injured", je peux témoigner qu'il y a bien d'autres choses dont tu peux être fier. Pourrais-je vous convaincre de lire un passage de ce livre ?

M. Dostoïevski fouilla dans la poche de sa veste et en sortit ses lunettes. Il ne les portait jamais en public, seulement en privé, et je me suis sentie privilégiée qu'il se sente suffisamment à l'aise pour les mettre en ma présence. (13)

A : Je préférerais plutôt te lire un petit quelque chose de ce livre :

LES DIABLES

Il y avait là une chute d'eau, très petite ; elle tombait de très haut dans la montagne, comme un fil ténu, tout blanc et écumant. Elle tombait d'une grande hauteur, mais semblait très proche, et elle était à un demi-mille, mais tu aurais dit qu'elle n'était qu'à cinquante mètres. J'aimais écouter ce bruit la nuit, et à ces moments-là, je devenais terriblement agité. Parfois, à midi, je marchais dans les montagnes et je me tenais là, à mi-chemin du flanc de la montagne, avec les vieux pins résineux autour de moi, tellement ils étaient grands, et quelque part en haut des falaises abruptes, il y avait un château médiéval en ruines, au loin, et le petit village se trouvait en bas, au loin, presque invisible, et le soleil brillait, et le ciel était si bleu et il n'y avait que ce terrible silence tout autour de moi. Je croyais entendre une mystérieuse convocation, puis il me venait à l'esprit que si j'allais tout droit et continuais à marcher pendant un long moment, j'arriverais à la ligne où la terre et le ciel se rejoignent, et alors je trouverais la clé de tout le mystère et découvrirais une nouvelle forme de vie plus riche et plus splendide que la nôtre. Je rêvais d'une grande ville aussi grande que Naples, pleine de palais, de tumultes et d'une vie passionnante, et c'est alors que j'ai été frappé par le fait que l'on peut profiter de la vie tout aussi magnifiquement en prison. (14)

Q : Les lecteurs ont-ils trouvé votre travail trop cru, trop réaliste ?

R : La réalité ne se limite pas à ce qui nous est familier. Car elle contient une énorme part de quelque chose sous la forme d'un futur mot non dit. J'ai ma propre vision de la réalité et ce que la plupart des gens qualifient de fantastique et d'exceptionnel est pour moi l'essence même du réel. Le côté banal des événements et les points de vue conventionnels à leur sujet ne sont pas encore du réalisme, mais plutôt son contraire. La représentation que l'on se fait des choses est bien plus faible que les choses elles-mêmes... Mon point de vue sur la réalité et le réalisme diffère de celui de nos réalistes et de nos critiques... Leur réalisme est incapable d'expliquer une fraction des faits réels, actuels, mais nous tentons même de prophétiser les faits tout le temps. La duplicité masque l'autre côté de la vérité - tout cela est déjà assez grave. Mais si tous les gens devaient se montrer maintenant tels qu'ils sont vraiment, je vous dis que ce serait bien pire. On me qualifie de psychologue. Ce n'est pas correct. Je suis un réaliste au sens plein du terme, c'est-à-dire que j'essaie de dépeindre les profondeurs de l'âme humaine... En tant que réaliste, je cherche l'être humain dans l'homme. (15)

Q : Est-il vrai que vous avez brûlé une ébauche presque terminée de Crime et Châtiment ?"

R : Je me suis assis sur mon travail comme un prisonnier. C'était un roman pour le "Messager russe". C'était un long roman en six parties. Vers la fin du mois de novembre 1865, beaucoup de choses ont été écrites et terminées. J'ai tout brûlé. Je ne l'aimais pas moi-même. Une nouvelle forme, un nouveau plan m'ont emporté et j'ai recommencé à zéro. J'ai travaillé jour et nuit et pourtant j'ai travaillé trop peu. Le roman est une chose poétique, il exige le calme de l'esprit et de l'imagination. À l'époque, mes créanciers me tourmentaient, menaçant de m'envoyer en prison. (16)

Q : Est-il vrai que tu as failli perdre les droits d'auteur de ton œuvre ?

R : J'ai bêtement vendu tous les droits d'auteur à un éditeur profiteur afin de faire face à mes dettes. Si je n'écrivais pas un nouveau roman avant le 1er novembre 1866, toutes mes œuvres, y compris celles que je devais encore écrire, deviendraient la propriété de cet éditeur. J'ai commencé "Crime et châtiment" et, en novembre, je l'ai brûlé. En vingt-six jours, j'ai écrit plus de 200 pages, qui sont devenues "The Gambler" et j'ai réussi à respecter la date limite et à payer mes dettes. (17)

Discuter de ces questions semble agiter M. Dostoïevski qui roule cigarette sur cigarette. Il regardait autour de lui, aussi méfiant qu'un lapin, jusqu'à ce que Madame Delatour lui tende la main et lui allume sa cigarette.

Je suis convaincu qu'aucun de nos autres écrivains, passés ou présents, morts ou vivants, n'a écrit dans des conditions telles que celles dans lesquelles j'ai dû écrire tout le temps. Certains, comme Tourgueniev, seraient morts à cette seule idée. S'ils savaient à quel point il est déprimant de gâcher une idée qui est née en vous, qui vous a enthousiasmé, dont vous saviez qu'elle était bonne - et d'être forcé de la gâcher en toute connaissance de cause ! (18)

Ses paroles sincères m'ont fait monter les larmes aux yeux, et j'ai pris ses mains tremblantes dans les miennes et j'ai commencé à lui réciter ses propres paroles. En fait, ce sont exactement les mêmes mots pour lesquels il avait été ovationné lors de son discours devant la "Société des amis de la littérature russe" en août 1880. Ce discours a été consigné plus tard dans le "Journal d'un écrivain" -

Humilie-toi, orgueilleux ! Avant tout, brise ton orgueil ! Humilie-toi, fainéant, et apprends à travailler sur notre terre sacrée !

La vérité est en toi, elle ne se trouve pas à l'extérieur. C'est pourquoi tu dois te trouver toi-même à l'intérieur ! Ce n'est pas à toi d'écraser les autres. Soumets-toi toi-même ! Sois maître de toi-même ! C'est ainsi que tu percevras la vérité !

La vérité ne se trouve ni dans les choses, ni en dehors de toi, ni dans des pays lointains. Elle se trouve dans ta propre recherche d'amélioration. Si tu te conquiers toi-même, si tu t'humilies, alors tu seras libre au-delà de tes rêves. Tu travailleras à une tâche qui en vaut la peine. Tu rendras les autres libres, et c'est là que tu trouveras le bonheur, car ta vie sera accomplie, et tu découvriras enfin une compréhension de ton propre peuple et de sa vérité sacrée. (19)

Ses yeux se remplirent de compassion et des larmes coulèrent sur ses joues creusées tandis que son image commençait à s'estomper. Il ne regrette pas d'être revenu sur terre. Il n'avait jamais envisagé que ce serait une résurrection aussi douloureuse.

Je me sentais coupable d'avoir fait remonter des souvenirs dans son esprit. Ce n'était pas mon intention. M. Dostoïevski a lu mes pensées et m'a tapoté doucement le dos de la main d'un air paternel avant de disparaître de l'aéroport d'Heathrow, maintenant et pour toujours.

Alors que j'étais assis, regardant sa chaise vacante, je n'ai pas pu m'empêcher de me rappeler les mots suivants de :

THE MEEK

" Pourquoi est-elle morte ? ", s'écrie-t-il, " ...Ô nous aurions pu tout résoudre... Pourquoi, pourquoi n'avons-nous pas pu nous réunir à nouveau et commencer une nouvelle vie ? ". Seulement quelques mots, deux jours, pas plus, et elle aurait tout compris...Ce qui fait le plus mal, c'est que tout cela est un accident, un accident tout simplement barbare et stupide ! C'est ça qui fait mal. Cinq minutes, juste en retard ! !!.... "Les gens, aimez-vous les uns les autres" - qui a dit cela ? Qui a dit que nous devions nous aimer les uns les autres ? Comme l'horloge avance insensiblement. Il est maintenant deux heures du matin. Ses chaussures sont là, près du lit, comme si elles l'attendaient... Non, vraiment, quand ils l'auront emportée demain, qu'est-ce que je deviendrai ?" (20)

J'ai refermé le livre, pris ma valise et me suis perdue dans la foule. J'avais le cœur lourd et lorsque j'ai enfin pris le chemin du retour, j'ai dormi d'un sommeil sans rêve.

Tu ne peux pas te tromper en lisant l'un des romans de Fiodor Dostoïevski. Sois patient et tes récompenses seront nombreuses !

Les pauvres

Le joueur

L'idiot

Les insultés et les blessés

Les diables

Les frères Karamazov

Le mari éternel

Le doux

Notes du sous-sol

Crime et châtiment

Le Double

Une jeunesse à l'état brut

La maison des morts

Le journal d'un écrivain

Esprit doux

Le crocodile

Le rêve d'un homme ridicule

Le petit orphelin

La propriétaire

La femme étrangère

Un arbre de Noël et un mariage

Un voleur honnête.

Do svidaniya !
Cathy McGough
Ton intervieweuse des écrivains légendaires de l'au-delà

KEATS VISITE MA MAISON NATALE

C'EST PAR UNE JOURNÉE ensoleillée du début de l'automne 1999, alors que j'étais assise au bord de la rivière Avon, dans ma ville natale de Stratford (Ontario, Canada), qu'un invité inattendu a fait son apparition.

J'avais éparpillé une couverture sur l'herbe fraîchement tondue, et le parfum flottait très légèrement à travers la couverture. Les cygnes glorieux se dirigeaient vers moi en faisant entendre leur voix dans l'espoir d'une croûte de pain.

Les geais bleus et les rouges-gorges gazouillaient, et le décor était parfait pour un poème de John Keats :

À L'AUTOMNE
Saison des brumes et des fruits moelleux,
Ami intime du soleil qui mûrit ;
Conspirant avec lui pour charger et bénir

De fruits, les vignes qui courent autour des avant-toits de chaume ;
De plier de pommes les arbres moussus de la chaumière,
Et remplir tous les fruits de maturité jusqu'au cœur ;
Pour gonfler la calebasse et gonfler les coquilles de noisettes
Avec un noyau sucré ; pour faire bourgeonner plus,
Et encore plus de fleurs plus tardives pour les abeilles,
Jusqu'à ce qu'elles pensent que les jours chauds ne cesseront jamais,
Car l'été a rempli leurs cellules moites.
Qui n'a pas vu là, au milieu de tes réserves ?
Parfois, celui qui cherche à l'étranger peut te trouver
Tu es assise, insouciante, sur le sol d'un grenier,
Tes cheveux soulevés par le vent ;
Ou bien endormi sur un sillon à moitié moissonné,
Dormant dans la fumée des coquelicots, tandis que ton crochet
Épargne l'andain suivant et toutes ses fleurs enchevêtrées :
Et parfois, comme un glaneur, tu gardes
Et de temps en temps, comme un glaneur, tu gardes ta tête chargée à travers un ruisseau ;
Ou près d'un pressoir à cidre, d'un regard patient,

Tu observes les derniers suintements, heures après heures.

Où sont les chants du printemps ? Oui, où sont-elles ?

Ne pense pas à eux, tu as aussi ta musique, -
Tandis que les nuages barrés fleurissent le doux jour mourant,

Et touchent les plaines de chaume d'une teinte rosée ;

Alors les petits moucherons se lamentent dans un chœur gémissant.

Parmi les hirondelles des rivières, portées en l'air
Ou s'enfoncent au gré du vent léger qui vit ou meurt ;

Et les agneaux adultes bêlent sur les collines,
Les grillons des haies chantent ; et maintenant avec des aigus doux
Le rouge-gorge siffle d'un potager,
Et les hirondelles qui se rassemblent gazouillent dans les cieux. (1)

Je me suis réveillé en sursaut, provoqué par le grondement du moteur d'une Trans Am au son rauque, et j'ai regardé autour de moi avec anxiété, car j'attendais Madame Delatour. Au début, je ne la voyais pas, puis j'ai entendu des pas sur le pont de l'île et j'ai remarqué qu'elle conduisait John Keats vers moi.

John Keats est né prématurément le 29 ou le 31 octobre 1795, dans une écurie à l'enseigne du Swan and Hoop, Finsbury Pavement - face à l'espace alors ouvert de Lower Moorfield. (2) Il n'est pas resté longtemps dans ce monde et est mort à l'âge tendre de 25 ans, le 23 février 1821.

Lentement, il s'est avancé vers moi, tandis que ses bottes faisaient un bruit de clank, clank, clank en embrassant le pont de bois.

John Keats portait un costume sombre, avec de nombreux boutons argentés sur le devant ainsi que le long des poignets. À l'intérieur, il y avait une chemise blanche avec un cravate assortie. Ses caractéristiques les plus distinctives étaient ses cheveux roux bouclés et ses yeux bleus rêveurs. Il regardait d'un côté à l'autre comme un enfant dans un magasin de bonbons.

Il a pris ma main dans la sienne et m'a demandé quel était le lieu enchanté qu'il avait été invité à visiter. Il s'intéressait en particulier au grand bâtiment en verre qui ressemblait à un atrium et qui était encadré par la beauté qui se trouvait derrière nous.

Je lui ai expliqué qu'il s'agissait du "Festival de Stratford" - une idée conçue par Tom Patterson dans les années 1950 et consacrée à des représentations en direct de pièces de théâtre, et en particulier des œuvres de William Shakespeare.

Je ne désespère jamais vraiment quand je lis Shakespeare - en fait, je pense que je ne lirai jamais beaucoup d'autres livres. Cela pourrait m'entraîner dans une longue discussion, mais j'y renonce. Je suis presque d'accord avec Hazlitt pour dire que Shakespeare nous suffit. (3)

Q : Quelqu'un a dit un jour : "La variété est le sel de la vie" - Shakespeare oui, mais un peu de Keats est également nécessaire. Pourrais-tu partager ton premier souvenir d'enfance ?

R : Tout d'abord, appelez-moi John - et merci pour vos aimables paroles. Bien que je ne me souvienne pas de la raison pour laquelle je l'ai fait, je me rappelle avoir saisi une épée, puis m'être tenu à la porte de la chambre de ma mère en annonçant : "Personne ne doit entrer ou sortir de cette maison !". Je n'avais que 5 ans à l'époque et je crois que nous avions de la compagnie. Je vivais la vie avec tout mon être et "je pouvais ressentir la joie et la tristesse avec mes mains". (4)

Q : Y a-t-il un moment dont vous vous souvenez - celui où vous avez décidé que la vie de poète était faite pour vous ?

R : Mes chers parents sont morts avant que je n'atteigne l'âge de 15 ans, et les années que j'ai passées avec eux, que je compare affectueusement à la lecture d'un conte en perpétuel changement, se sont arrêtées. Mon tuteur m'a mis en apprentissage chez un chirurgien à Edmonton (près de Londres). J'ai écrit à mes amis pour leur demander désespérément un exemplaire de "Faery Queen" de Spenser et j'ai lu les scènes comme un jeune poulain lâché dans un pré au printemps. C'est à ce moment-là que j'ai attrapé la fièvre du poète. (5)

Q : Avais-tu une routine régulière pour écrire ?

R : Je lisais et j'écrivais environ huit heures par jour. Il y a un vieux dicton qui dit "bien commencé est à moitié fait" - c'est un mauvais dicton. Je dirais plutôt "Pas commencé du tout jusqu'à ce qu'il soit à moitié fait" ; donc, selon ce dicton, je n'ai pas commencé mon poème et par conséquent (a priori) je ne peux rien dire à son sujet. Dieu merci ! (6)

Q : Pensiez-vous que vous seriez un jour considéré comme un grand poète ?

R : Il n'y a pas de plus grand péché après les sept péchés capitaux que de se flatter d'être un grand poète - ou l'un de ces êtres qui ont le privilège d'user leur vie à la poursuite de l'honneur - comme il est confortable de sentir qu'un tel crime doit entraîner sa lourde pénalité ? Que si l'on est un autodélateur, les comptes seront équilibrés ? (7)

Q : Quel rôle l'imagination a-t-elle joué dans votre écriture ?

R : Je ne suis certain de rien d'autre que de la sainteté des affections du cœur et de la vérité de l'imagination. Ce que l'imagination saisit comme beauté doit être une vérité - qu'elle ait existé auparavant ou non, - car j'ai la même idée de toutes nos passions que de l'amour : elles sont toutes, dans leur sublime, créatrices de beauté essentielle. En un mot, tu peux connaître ma spéculation favorite par mon premier livre, et la petite chanson que j'envoie dans mon dernier, qui est une représentation de la fantaisie du mode probable d'opérer en ces matières. L'imagination peut être comparée au rêve d'Adam - il s'est réveillé et a trouvé la vérité. Je suis d'autant plus zélé dans cette affaire que je n'ai jamais été capable de percevoir comment une chose peut être connue pour être vraie par un raisonnement consécutif - et pourtant cela doit être le cas. L'esprit imaginatif simple peut être récompensé par la répétition de son propre travail silencieux qui vient continuellement sur l'esprit avec une belle soudaineté. (8)

Q : Croyez-vous que le bonheur terrestre est réalisable ?

R : Je ne me souviens guère d'avoir compté sur un quelconque bonheur - je le cherche s'il n'est pas dans l'heure présente, - rien ne me fait sursauter au-delà de l'instant présent. Le soleil couchant me remet toujours d'aplomb, ou si un moineau passe devant ma fenêtre, je participe à son existence et je ramasse le gravier. La première chose qui me frappe lorsque j'entends parler d'un malheur qui a frappé quelqu'un est la suivante : "Eh bien, il n'y a rien à faire : il aura le plaisir d'essayer les ressources de son esprit" (9).

Q : Regrettez-vous de ne pas vous être marié ?

R : J'espérais ne jamais me marier. Même si les plus belles créatures m'attendaient à la fin d'un voyage ou d'une promenade, même si le tapis était en soie, les rideaux en nuages du matin, les chaises et le canapé rembourrés avec du duvet de cygne, la nourriture Manna, le vin au-delà du Claret, la fenêtre s'ouvrant sur Winander Mere, je ne me sentirais pas - ou plutôt mon bonheur ne serait pas aussi beau que ma solitude est sublime.

Alors, au lieu de ce que j'ai décrit, il y a une sublimité qui m'accueille à la maison - le mugissement du vent est ma femme et les étoiles à travers la vitre sont mes enfants. L'idée abstraite et puissante que j'ai de la Beauté en toutes choses étouffe le bonheur domestique plus divisé et plus minuscule - une femme aimable et de doux enfants que je contemple comme une partie de cette Beauté, mais je dois avoir un millier de ces belles particules pour remplir mon coeur.

Je sentais de plus en plus chaque jour, à mesure que mon imagination se renforçait, que je ne vivais pas dans le monde seul mais dans un millier de mondes - A peine étais-je seul que des formes d'une grandeur épique se postaient autour de moi, et servaient à mon Esprit l'office qui équivalait à la garde du corps d'un Roi - puis "la Tragédie avec le sceptre de la pale vint à balayer." Selon mon état d'esprit, j'étais avec Achille criant dans les tranchées ou avec Théocrite dans les vallées de Sicile. Ou bien je jetais tout mon être dans Troïlus, et en répétant ces lignes, "J'erre comme une âme perdue sur les rives du Styx en restant à l'écart", je me fondais dans l'air avec une volupté si délicate que je me contentais d'être seul. Ces choses, combinées à l'opinion que j'ai de la généralité des femmes - qui m'apparaissent comme des enfants à qui je préférerais donner une prune à sucre plutôt que mon temps, forment une barrière contre le Mariage dont je me réjouis. (10)

Q : Une prune à sucre ! C'est peut-être une bonne chose que tu ne te sois jamais mariée alors. Crois-tu qu'il soit nécessaire de vivre une expérience de première main pour pouvoir écrire à son sujet ?

R : Rien ne devient jamais réel tant qu'on n'en a pas fait l'expérience - même un proverbe n'est pas un proverbe pour vous tant que votre vie ne l'a pas illustré. J'ai comparé la vie humaine à un grand manoir composé de nombreux appartements, dont deux que je ne peux que décrire, les portes des autres m'étant encore fermées. Le premier dans lequel nous entrons est appelé la chambre du nourrisson ou de l'insouciant, dans laquelle nous restons si nous ne pensons pas.

Nous restons là un long moment, et bien que les portes de la seconde chambre restent ouvertes, montrant une apparence lumineuse, nous ne nous hâtons pas d'y aller ; mais nous sommes finalement insensiblement poussés par l'éveil du principe de la pensée en nous - nous n'avons pas plus tôt atteint la seconde chambre, que j'appellerai la chambre de la pensée jeune, que nous nous enivrons de la lumière et de l'atmosphère, nous ne voyons rien d'autre que des merveilles agréables, et nous pensons à nous y attarder pour toujours dans la délectation.

Cependant, parmi les effets dont cette respiration est responsable, il y a celui, énorme, d'aiguiser notre vision du coeur et de la nature de l'homme - de convaincre nos nerfs que le monde est plein de misère et de chagrin d'amour, de douleur, de maladie et d'oppression - ce qui fait que cette Chambre de la Pensée Demoiselle s'assombrit progressivement et qu'en même temps, de tous les côtés, de nombreuses portes s'ouvrent - mais toutes sombres - toutes menant à des passages sombres. Nous ne voyons pas l'équilibre entre le bien et le mal ; nous sommes dans le brouillard, nous sommes maintenant dans cet état, nous ressentons le "Fardeau du Mystère." Maintenant, si nous vivons et continuons à penser, nous explorerons tous les passages. (11)

Q : Vous souciiez-vous de ce que les autres pensaient de vous ?

R : Certains me trouvaient moyen, d'autres stupides, d'autres idiots - chacun pensait voir mon côté faible contre ma volonté, alors qu'en vérité c'est avec ma volonté - j'étais content qu'on pense tout cela parce que j'ai dans mon propre sein une si grande ressource.

C'est l'une des grandes raisons pour lesquelles ils m'aimaient tant : parce qu'ils pouvaient tous se montrer avantageusement dans une pièce et éclipser d'un certain tact celui qui est considéré comme un bon poète.

J'espérais ne pas être en train de jouer des tours "pour faire pleurer les anges". Je ne le pensais pas, car je n'avais pas le moindre mépris pour mon espèce, et bien que cela puisse paraître paradoxal, mes plus grandes élévations d'âme me laissaient chaque fois plus humble - Assez de ceci - bien que dans votre amour pour moi vous ne le penserez pas assez. (12)

Q : Vous avez raison, j'aime vous écouter et j'aimerais que nous ayons plus de temps. Pourriez-vous nous décrire comment vous voyiez le monde ?

R : Je détestais le monde : il battait trop les ailes de ma volonté, et j'aurais pu prendre un doux poison de tes lèvres pour m'en débarrasser. Je ne l'aurais pas pris d'une autre personne. (13)

J'ai été interloquée par sa déclaration et j'ai rougi furieusement.

Q : En vingt-cinq ans, vous avez accompli plus que beaucoup d'écrivains au cours de leur vie. L'immortalité était-elle votre moteur ?

R : Je n'ai laissé aucune œuvre immortelle derrière moi - rien qui puisse rendre mes amis fiers de ma mémoire - mais j'ai aimé le principe de la beauté en toutes choses, et si j'avais eu le temps, je me serais fait remarquer. (14)

Q : Quels conseils donneriez-vous aux poètes de demain ?

R : Premièrement, je pense que la poésie devrait surprendre par un bel excès, et non par la singularité ;

elle devrait frapper le lecteur comme une formulation de ses propres pensées les plus élevées et apparaître presque comme un souvenir.

Deuxièmement, ses touches de beauté ne devraient jamais être à mi-chemin, ce qui rendrait le lecteur essoufflé au lieu de le contenter. La montée, le progrès, la mise en place de l'imagerie devraient, comme le soleil, lui venir naturellement, briller sur lui, et se coucher sobrement, bien que dans la magnificence, le laissant dans le luxe du crépuscule.

Mais il est plus facile de penser ce que devrait être la poésie que de l'écrire. Et cela m'amène à un autre point.

Troisièmement, si la poésie ne vient pas aussi naturellement que les feuilles d'un arbre, il vaut mieux qu'elle ne vienne pas du tout. (15)

Q : John, tu es l'un des poètes les plus vénérés de tous les temps, honoré à l'abbaye de Westminster dans le Poet's Corner et des écoles du monde entier étudient ta poésie chaque année. Penses-tu que ton succès repose davantage sur les circonstances ?

R : Les circonstances sont comme des nuages qui s'amoncellent et éclatent continuellement - Pendant que nous rions, la graine d'un problème est déposée dans la vaste terre arable des événements - pendant que nous rions, elle germe, elle grandit et porte soudain un fruit empoisonné, que nous devons cueillir. (16)

Q : Quelle est ta définition d'un poète ?

R : Un poète est la chose la moins poétique de toutes celles qui existent, parce qu'il n'a pas d'identité - il est continuellement en quête - et remplit un autre corps - Le soleil, la lune, la mer et les hommes et les femmes qui sont des créatures d'impulsion sont poétiques et ont autour d'eux un attribut immuable - le poète n'en a pas ; pas d'identité - il est certainement la plus peu poétique de toutes les créatures de Dieu. (17)

Q : Je suis poète et ma muse m'a abandonné. Y a-t-il un conseil que tu puisses me donner pour que je me remette à écrire ?

R : Ne te laisse pas décourager par un échec. Il peut s'agir d'une expérience positive. L'échec est en quelque sorte la voie du succès, dans la mesure où chaque découverte de ce qui est faux nous incite à rechercher sérieusement ce qui est vrai, et où chaque nouvelle expérience met en évidence une forme d'erreur que nous éviterons soigneusement par la suite.

La poésie doit plaire par un bel excès et non par la singularité. Elle doit frapper le lecteur comme une formulation de ses propres pensées les plus élevées et apparaître presque comme un souvenir. (18)

Q : Votre ami Lord Byron aurait dit que la critique dans "The Quarterly" vous a peut-être conduit à une mort prématurée, est-ce vrai ?

R : Cela ne m'a pas fait le moindre mal en société de me faire paraître petit et ridicule : je sais quand un homme m'est supérieur et je lui donne tout le respect qui lui est dû - il serait le dernier à se moquer de moi et quant aux autres, j'ai senti que j'avais fait sur eux une impression qui m'assurait le respect personnel tant que j'étais en vue, quoi qu'ils aient pu dire quand j'avais le dos tourné.

La seule chose qui puisse jamais m'affecter personnellement plus d'une courte journée, c'est un doute sur mes talents de poète - j'en ai rarement et j'attends avec espoir le moment proche où je n'en aurai plus. Je suis aussi heureux qu'un homme peut l'être. (19)

Q : Voulez-vous lire un de vos poèmes ?

R : Laissez-moi réfléchir. Oui, je connais celui-là :

LES SAISONS HUMAINES

Quatre saisons remplissent la mesure de l'année ;

Il y a quatre saisons dans l'esprit de l'homme ;

Il a son printemps luxuriant, quand la fantaisie est claire

Prend toute la beauté avec une portée facile :

Il a son été, quand luxueusement

Il a son été, quand, luxueusement, il aime le miel du printemps et les pensées de la jeunesse.

Il aime ruminer, et c'est en rêvant ainsi qu'il se rapproche le plus du ciel.

Il est le plus proche du ciel : des criques tranquilles

Son âme a son automne, quand ses ailes

Il s'enroule autour de ses ailes et se contente de regarder

De regarder les brumes dans l'oisiveté - de laisser les belles choses

Passer inaperçues comme un ruisseau du seuil.

Il a aussi son hiver, d'une pâle méforme,

Sinon, il renoncerait à sa nature mortelle. (20)

Pendant que John lisait, un groupe de jeunes filles vêtues d'uniformes scolaires a commencé à se rassembler autour de lui. Lorsqu'il eut terminé, elles applaudirent, gloussèrent et chuchotèrent tandis que la plus audacieuse du groupe s'avançait et lui demandait un autographe.

John est déconcerté par toute cette attention, mais en même temps incroyablement heureux. Il demande leur nom à chacune des filles et signe le sien pour elles.

Les filles ont chuchoté entre elles et nous ont fait leurs adieux en continuant leur chemin. Elles n'étaient pas encore très loin quand j'ai remarqué que John commençait à disparaître. J'ai à peine eu le temps de le saluer avant qu'il ne disparaisse.

Alors qu'ils s'éloignaient, j'ai entendu l'une des filles lire son nom à haute voix et dire :

"John Keats ? Je me demande dans quelle pièce il joue. Il est vraiment mignon !"

J'ai enroulé ma couverture et je me suis éloignée de la rivière Avon qui coulait à flots, en espérant qu'un jour ces filles liraient et découvriraient les œuvres de John Keats. J'avais le sentiment que l'autographe qu'elles recevraient pourrait être "Writ in water" (écrire dans l'eau) comme les mots qui étaient inscrits sur sa pierre tombale.

Je te laisse maintenant avec les mots suivants :

"Bardes de la passion et de la gaieté, qui avez laissé vos âmes sur terre. Vous avez aussi des âmes au ciel, qui vivent doublement dans des régions nouvelles." (21)

Apprends-en plus sur John Keats en lisant le recueil inspirant qu'il a laissé derrière lui. Je t'encourage à rechercher les suivants :

La veille de Sainte-Agnès

La veille de Saint-Marc

Hypérion

Endymion

Lamia

Sommeil et poésie

Au rossignol

Sur une urne grecque

À Psyché

Sur la mélancolie

Bardes de passion et de joie

Quand j'ai peur

La première fois que j'ai regardé l'Homère de Chapman

La sauterelle et le grillon

À la vue d'une mèche de cheveux de Milton

Les saisons humaines

À Byron
Où est le poète ?

Wes du hal !
Cathy McGough
Ton intervieweuse des écrivains légendaires de l'au-delà

SOUVENIRS DE HENRY WADSWORTH LONGFELLOW

C'EST LE CRéPUSCULE ET notre invité va bientôt arriver. Ce soir, Madame Delatour contactera Henry Wadsworth Longfellow, qui a été proclamé le meilleur poète américain de tous les temps.

Nous le contactons le soir, pour que nous puissions profiter ensemble de l'un de nos passe-temps préférés : la marche. Avec un peu de chance, le chemin sera relativement dégagé des joggeurs, des cyclistes et autres, de sorte que M. Longfellow et moi pourrons marcher en paix.

Henry Wadsworth Longfellow est né le 27 février 1807 à Portland, dans l'Oregon. M. Longfellow était un poète qui a vécu sa vie selon les mots "la plume est plus puissante que l'épée". Il n'a jamais reculé devant les conflits et s'est toujours battu pour les droits de ses concitoyens. En substance, son âme a nourri la nature sauvage de l'Amérique. (1)

Madame Delatour était occupée à contacter Monsieur Longfellow, et pendant ce temps, j'ai lu à haute voix un poème sans titre que j'ai récemment découvert dans un livre intitulé "Emprunts." Ses couvertures en daim ont flanché avec le temps et à juste titre puisque la date de publication était 1899. Bien qu'il soit loin d'être en parfait état, j'ai su instantanément qu'il avait été battu et déchiré par l'amour. À l'intérieur, il y avait de nombreuses coupures de journaux de poèmes.

Parmi ses trésors, le livre contenait ce joyau sans titre, qui est attribué à M. Longfellow :

Comme une mère fatiguée quand le jour est fini,
Conduit par la main son petit enfant au lit,
Moitié consentant, moitié réticent à être conduit,
Et laisse ses jouets cassés sur le sol,
Les regardant toujours par la porte ouverte,
Ni tout à fait rassuré et réconforté
Par des promesses d'autres à leur place,
Qui, bien que plus splendides, ne lui plaisent pas plus que cela.
C'est ainsi que la nature s'occupe de nous et nous enlève
Nos jouets un par un, et par la main

Nous conduit au repos si doucement que nous partons

Sans savoir si nous voulons partir ou rester,

Nous sommes trop endormis pour comprendre

Combien l'inconnu transcende ce que nous connaissons. (2)

Je refermais doucement le livre, en prenant soin d'y laisser tous ses éléments, lorsque je remarquai Henry Wadsworth Longfellow qui s'avançait vers moi sur le sentier.

Il était de taille moyenne, avec une tête et un visage éminemment poétiques. Le grand charme de son visage résidait dans ses yeux d'un bleu limpide, profondément enfoncés sous des sourcils en surplomb, qui exprimaient de façon indescriptible la pensée et la tendresse. Bien que sillonné de nombreuses rides, son visage avait la teinte rosée de la santé et ses cheveux étaient blancs comme la neige. Ses manières étaient d'une simplicité enfantine mais d'une dignité inexpugnable. (3)

Il s'est présenté et m'a tendu la main. J'ai été gêné par ses manières calmes et humbles et j'ai immédiatement senti qu'il était un vieil ami, revenant d'un long voyage. Nous avons marché, bras dessus, bras dessous, tandis que je regardais ses yeux bleus et commençais notre entretien.

Q : Quand vous étiez enfant, vous aimiez lire. Quels sont les livres qui ont le plus marqué votre jeune esprit ?

R : J'ai eu la chance, lorsque j'étais enfant, d'avoir une bibliothèque pleine de livres pour me divertir. Mon père y veillait, même s'il ne voulait pas que je devienne écrivain. Les écrivains que j'adorais étaient Shakespeare, Milton, Pope, Dryden et Goldsmith, pour n'en citer que quelques-uns. J'ai adoré "Les Mille et une nuits" et "Don Quichotte"... mais le premier livre qui a fasciné mon imagination a été le "Sketch Book" de Washington Irving. Je l'ai lu avec "toujours plus d'émerveillement et de plaisir, envoûté par son humour plaisant, sa tendresse mélancolique, son atmosphère de rêverie - oui, même par ses couvertures gris-brun, les lettres ombrées de ses titres, et les caractères clairs, qui semblaient être un symbole extérieur de son style". (4)

Q : Ton père ne voulait pas que tu deviennes écrivain ?

R : Lorsque j'étais au collège, j'ai décidé de me lancer dans une carrière littéraire. Mon père m'a envoyé une lettre au Bowdoin College, dans laquelle il me mettait en garde contre une telle voie en faisant remarquer qu'il n'y avait pas assez de richesses en Amérique pour permettre à un homme de lettres de gagner sa vie. Mon père était un homme rusé. Il a commencé la lettre par un avertissement pratique, et l'a terminée par une critique poétique :

"J'ai observé quelques poèmes dans la Gazette littéraire des États-Unis", écrit-il, "que, d'après la signature, je présume être de votre plume. C'est une très jolie production, et je la lis avec plaisir. Mais tu observeras que le deuxième vers de la sixième strophe a trop de pieds." (5)

Q : Qui t'a incité à devenir écrivain ?

R : Mon grand-père, le général Wadsworth, avec qui je passais parfois mes vacances d'été dans sa ferme, écrivait des vers satiriques. C'était un conteur hors pair et il possédait un grand nombre de souvenirs personnels de ses années à Harvard et dans l'armée, de sa capture par les Britanniques et de son évasion du Fort George à Castine. Toutes ces choses ont eu un effet sur mon esprit impressionnable. (6)

Q : As-tu toujours été passionné par la marche ?

R : Oui, cela a toujours été mon principal exercice. Lorsque la neige était épaisse, je coupais du bois et je trouvais cela plutôt ennuyeux. En guise de compensation pour l'un ou l'autre, j'ai un jour écrit à mon père : "J'ai tracé sur la porte de mon placard une image de ma taille, et chaque fois que je ressens le besoin de faire de l'exercice, j'enlève mon manteau et, considérant cette image comme étant en position de défense, je fais mes mouvements comme si j'étais en train de me battre. C'est un amusement très classe, et je suis déjà devenu assez habile comme pugiliste." (7)

Q : Pourriez-vous lire un de vos poèmes ?

R : J'en serais honoré :

LES CONSTRUCTEURS

Tous sont des architectes du destin,

Travaillant dans les murs du Temps ;

Certains avec des actes massifs et grands,

Certains avec des ornements de rime.

Rien d'inutile n'est, ou bas ;

Chaque chose à sa place est la meilleure ;

Et ce qui semble n'être qu'un spectacle futile

Renforce et soutient le reste.

Pour la structure que nous élevons,

Le temps est rempli de matériaux ;

Nos jours et nos années

Sont les blocs avec lesquels nous construisons

Façonnez-les vraiment et façonnez-les ;

Ne laisse pas d'espace béant entre les deux ;

Ne pense pas, car personne ne voit,

De telles choses resteront invisibles.

Dans les temps anciens de l'art,

Les constructeurs travaillaient avec le plus grand soin

Chaque partie minuscule et invisible ;

Car les dieux voient partout.

Faisons notre travail aussi bien,

L'invisible et le visible ;

Rendons la maison, où les Dieux peuvent habiter, belle, entière et propre,

Belle, entière et propre.

Sinon, nos vies sont incomplètes,

Dans ces murs du temps,

Des escaliers brisés, où les pieds

Trébuchent en cherchant à grimper.

Construisez aujourd'hui, alors, fort et sûr,

Avec une base solide et ample ;

Et l'ascension et la sécurité

Demain, tu trouveras ta place.

C'est ainsi seulement que nous pouvons atteindre

À ces tourelles, où l'œil

Voit le monde comme une vaste plaine,

Et une étendue de ciel sans limite. (8)

Q : Tu as rassemblé une étonnante collection de souvenirs et tu les as mis en valeur dans ta maison. Parle-moi d'eux.

R : Ils se trouvaient dans mon bureau où le silence n'était rompu que par le carillon de la vieille horloge dans le coin. Une table au centre de la pièce était remplie de livres et de papier dans un désordre ordonné, auquel je suis certain que tout écrivain de votre époque peut s'identifier.

Sur la même table, un trésor, l'encrier de Samuel Taylor Coleridge avec un des premiers volumes de ses poèmes annotés de sa propre écriture, qui était aussi peu soignée que celle d'un génie devrait l'être.

Parmi les photos de la pièce, il y avait des portraits au crayon d'Emerson, de Sumner et de Hawthorne, tous pris à l'époque où ces hommes célèbres étaient dans la fleur de l'âge.

Nous pourrions passer toute la journée à discuter des objets exposés dans mon bureau. Une seule armoire contenait un morceau du cercueil de Dante ;

un cylindre de certains coléoptères africains brillants, deux cannes (l'une faite à partir de la pièce de rechange du navire sur lequel "The Star Spangled Banner" a été écrit et l'autre à partir de "Acadie" et était surmontée d'une tête hideuse qui était mon idée de "Evangeline." (9)

Q : Est-il vrai qu'un autre écrivain a laissé passer l'occasion d'écrire sur "Evangeline" ?

R : Oui. En fait, un recteur d'une église du sud de Boston avait essayé d'inciter Nathaniel Hawthorne à utiliser l'histoire. Lors d'un dîner avec eux deux, j'ai dit à M. Hawthorne : "Si vous ne voulez vraiment pas de cet incident pour un conte, alors laissez-moi l'avoir pour un poème." J'ai terminé "Evangeline" en 1847. (10)

Q : Il doit aussi y avoir une histoire fascinante concernant "La ballade de la goélette Hesperus" ?

R : Le 17 décembre 1839, j'étais en proie à des maux de dents et à la dyspepsie. Je me souviens avoir écrit à mon père : "Des nouvelles de naufrages horribles sur la côte. Vingt corps ont été rejetés sur le rivage, près de Gloucester, dont un attaché à un morceau de l'épave. Il y a un récif appelé Norman's Woe où beaucoup de ces naufrages ont eu lieu ; entre autres la goélette Hesperus... Je dois écrire une ballade à ce sujet."

Près de quinze jours plus tard, j'ai de nouveau pris ma plume et j'ai écrit à mon père : "J'étais assis hier soir jusqu'à midi près de mon feu, en train de fumer, quand soudain il m'est venu à l'esprit d'écrire la Ballade de la goélette Hesperus, ce que j'ai fait en conséquence. Je me suis ensuite couché, mais je n'ai pas pu dormir. De nouvelles pensées me traversaient l'esprit et je me suis levé pour les ajouter à la ballade. Il était trois heures du matin. Je me suis alors couchée et je me suis endormie. Je suis satisfaite de cette ballade. Elle ne m'a pratiquement pas coûté d'efforts. Elle ne m'est pas venue à l'esprit par lignes mais par strophes." (11)

Q : Puis-je me joindre à toi pour réciter ton poème "The Arrow and The Song" pendant que nous traversons le pont ?

R : C'est un choix parfait, mon ami, un choix parfait !

LA FLÈCHE ET LA CHANSON
J'ai lancé une flèche dans les airs,
Elle est tombée sur terre, je ne savais pas où
Car, si vite qu'elle ait volé, la vue
Ne pouvait la suivre dans son vol
J'ai soufflé une chanson dans l'air,
Elle est tombée sur terre, je ne savais pas où
Car qui a la vue si fine et si forte
Qu'elle peut suivre le vol d'une chanson ?
Longtemps, longtemps après, dans un chêne
J'ai trouvé la flèche, toujours intacte
Et la chanson, du début à la fin,

Je l'ai retrouvée dans le cœur d'un ami. (12)

Q : Avez-vous des conseils à donner aux écrivains pour l'année 2003 et au-delà ?

R : En 1850, j'ai écrit : Si je veux faire quelque chose en littérature, il faut le faire maintenant. Peu d'hommes ont écrit de bons poèmes après cinquante ans. Je croyais que c'était un conseil vrai et judicieux jusqu'à ce qu'en 1851, "La Légende dorée" soit publiée. Ils ont imprimé 3500 exemplaires, qui se sont vendus immédiatement. J'avais 56 ans. Il semblerait que les pensées, comme les enfants, aient leurs périodes de gestation, puis naissent, que nous le voulions ou non. C'est une observation que j'ai faite après avoir terminé "Le faucheur et les fleurs". (13)

Q : M. Longfellow, j'ai apprécié de me promener avec vous. Cependant, je crains que notre temps et cette journée touchent à leur fin. Pourriez-vous nous réciter un poème approprié ? Peut-être un poème qui fermerait les rideaux sur le temps que nous avons partagé ?

A : Ah oui :

LA JOURNÉE EST FINIE
La journée est finie, et l'obscurité
Tombe des ailes de la nuit,
Comme une plume est emportée vers le bas
D'un aigle dans son vol
Je vois les lumières du village

Briller à travers la pluie et le brouillard,
Et un sentiment de tristesse m'envahit
A laquelle mon âme ne peut résister
Un sentiment de tristesse et de nostalgie,
Qui n'a rien à voir avec la douleur,
Et qui ne ressemble qu'au chagrin
Comme la brume ressemble à la pluie
Viens, lis-moi un poème,
Un poème simple et sincère,
Qui apaisera ce sentiment agité,
Et bannir les pensées du jour
Ce n'est pas un poème des grands maîtres,
Pas des bardes sublimes,
Dont les pas lointains résonnent
Dans les couloirs du temps
Comme les sons d'une musique martiale,
Leurs puissantes pensées suggèrent
Le labeur et l'effort sans fin de la vie
Et ce soir, j'aspire au repos
Lisez les textes d'un poète plus humble,
Dont les chansons jaillissaient de son cœur,
Comme les averses des nuages de l'été,
Ou les larmes des paupières commencent
Qui, à travers de longues journées de labeur,
Et des nuits dépourvues d'aisance,
Entendait encore dans son âme la musique
De merveilleuses mélodies
De telles chansons ont le pouvoir de calmer
Le pouls agité de l'attention,

Et viennent comme la bénédiction

Qui suit la prière.

Lis ensuite, à partir du volume que tu as gardé précieusement

Le poème de ton choix

Et prête à la rime du poète

La beauté de ta voix

Et la nuit sera remplie de musique,

Et les soucis qui infestent le jour,

plieront leurs tentes comme les Arabes,

Et s'éloigneront aussi silencieusement. (14)

M. Longfellow est resté, s'attardant, dérivant doucement de ma vue en tenant ma main dans la sienne. Nos esprits se sont séparés, et aucun autre hommage ne pourrait être plus approprié que celui que l'honorable J. D. Long a écrit à la mort de M. Longfellow :

"C'est un pauvre lieu commun de dire que Longfellow est le poète du peuple, car aucun poète n'est un grand ou un vrai poète, qui n'est pas cela. Les vies des grands hommes nous rappellent non pas tant que nous pouvons rendre nos vies sublimes, mais que nos vies SONT sublimes, si seulement nous ne les encombrons pas ou ne les avilissons pas.

Ce n'est pas en mettant en mélodie quelque chose qui est au-delà et au-dessus de vous et moi, ce n'est pas en respirant une musique si exquise qu'elle ne tremble jamais dans nos fantaisies et nos prières, que le poète s'élève à l'excellence ; mais en exprimant les affections, les objectifs les plus fins, la noblesse, qui sont dans la grande nature commune, - dans le marin dans les haubans, dans la jeune fille attachée au mât flottant, dans la mère qui dépose son enfant, dans l'écolier à sa tâche ou à son jeu, ou en comptant les étincelles qui jaillissent de la forge du forgeron, dans l'homme à son travail ou lorsqu'il se repose, assailli par des bandits aux yeux bleus dans l'escalier et dans le hall.

Ainsi, le poète nous enseigne non pas notre disparité par rapport à lui, mais notre niveau avec lui, non pas notre mesquinerie, mais notre hauteur. La musique qu'il a écrite se trouve en nous, non écrite. Chantons-la dans nos vies, ce que nous pouvons comme il l'a chantée de sa plume, ce que nous ne pouvons pas." (15)

Tu voudras lire toutes ses œuvres, mais voici une liste de mes préférées qui te permettra de commencer.

Evangeline

Hiawatha

L'épave de l'Hesperus

Un psaume de vie

Excelsior

Hymne à la nuit

Ma jeunesse perdue

Le rêve de l'esclave

La lumière des étoiles

Les pas des anges

L'esprit de la poésie
La coupe de la vie.

Au revoir pour l'instant !
Cathy McGough
Ton intervieweuse des écrivains légendaires de
l'au-delà

LE RETOUR DE "THE BANJO" PATERSON

POUR CÉLÉBRER LA JOURNÉE de l'Australie 2002 (26 janvier), nous avons décidé de contacter A. B. "Banjo" Paterson. M. Paterson est né le 17 février 1864 à Narambla, en Nouvelle-Galles du Sud.

Pendant que Madame Delatour se préparait à contacter M. Paterson, j'ai profité de l'occasion pour lire son œuvre la plus célèbre, "Waltzing Matilda", écrite en 1895 dans le Queensland. Pour faciliter ta lecture, j'ai inclus des astérisques pour les mots dont tu peux te demander la signification. Tu trouveras les définitions juste en dessous de la ballade.

LA VALSE DE MATILDA
Oh, il était une fois un *swagman qui campait dans les *billabongs,

à l'ombre d'un *arbre de Coolabah
Et il chantait en regardant le vieux *billy bouillonnant,
"Qui viendra valser Matilda avec moi ?"
CHORUS
Qui viendra valser Matilda, ma chérie ?
Qui viendra valser Matilda avec moi ?
En valsant Matilda et en menant un sac d'eau,
Qui viendra valser Matilda avec moi ?
Le *jumbuck s'est levé pour aller boire au point d'eau,
L'homme au bâton a sauté et l'a attrapé avec joie.
Et il chanta en le mettant dans son *sac à coucou,
"Tu viendras valser Matilda avec moi".
Répétez CHORUS

Le *squatteur est monté sur son pur-sang ;
Des policiers sont arrivés - un, deux et trois.
"A qui appartient le jumbuck que tu as dans ton sac ?
Tu vas venir faire valser Matilda avec nous."
Répétez le CHORUS
L'esclave s'est élancé et a sauté dans le trou d'eau,
Il s'est noyé près de l'arbre Coolabah ;
Et on peut entendre sa voix chanter dans les billabongs,
"Qui viendra faire valser Matilda avec moi ?" (1)
Répétez le CHORUS

*Un homme qui traversait l'arrière-pays à pied en faisant des petits boulots en échange de nourriture ou d'argent. Pourquoi "Swagman" ? Nommé en raison de son "Swag Roll" - Semblable à un sac à dos, qu'il attachait sur ses épaules et dans lequel il transportait toutes ses possessions matérielles.

*Billabong = Point d'eau.

*Coolabah = L'eucalyptus indigène (Eucalyptus micro theca).

*Billy = Une bouilloire

*Jumbuck = un mouton mal (aborigène "jump up").

*Squatter = Personne qui occupe illégalement la propriété d'une autre personne.

*Squatter = Personne qui occupe illégalement la propriété d'une autre personne *Tuckerbag = Comme un sac à lunch.

Madame Delatour m'a prévenu que M. Paterson arriverait tout à l'heure et, sans plus attendre, il est arrivé.

Il avait des cheveux noirs et courts, séparés sur le côté, et des yeux sombres et amicaux. Il portait un costume bleu marine, une chemise blanche à col montant, un cravate bleue et un chapeau de cuir qu'il a incliné pour me saluer. (2)

Il a respiré l'odeur des gommiers qui entourent notre balcon et s'est penché en avant en regardant le sentier qui serpente devant notre maison. Il espérait manifestement voir un ou deux chevaux passer au galop et soulever la terre rouge australienne avec leurs sabots. Au lieu de cela, un jeune homme qui passait en scooter l'a envoûté ! Il sirote un verre de thé glacé en attendant ma première question.

Q : Comment en es-tu venu à être connu sous le nom de "The Banjo" ?

R : J'ai adopté ce nom de plume d'après un cheval de course que possédait ma famille. À l'âge de vingt-deux ans, j'ai écrit ma première contribution signée et elle a été publiée dans "The Bulletin" le 12 juin 1886. La ballade s'intitulait "Le feu de brousse" et après cela, le nom est resté. (3)

Q : J. F. Archibald a fondé "The Bulletin" en 1800 et on raconte qu'il était très dur. Comment s'est passée ta première rencontre avec lui ?

R : J. F. était toujours à la recherche de nouveaux écrivains et il est tombé sur certains de mes travaux. J'ai été convoqué à son bureau et je suis allé monter un escalier crasseux au 24 Pitt St., jusqu'à ce que je me trouve devant une porte portant l'inscription Mr. Sur la porte était épinglé un dessin fougueux d'un gentleman allongé sur un fil avec un poignard en travers de lui et sur le dessin était écrit : "Archie, voilà ce qui va t'arriver si tu n'utilises pas mon dessin sur le policier !". Cela m'a beaucoup remonté le moral. De toute évidence, c'était un endroit libre et facile.

Au cours d'un entretien de dix minutes, il m'a dit qu'il aimerait que j'essaie d'autres vers. Est-ce que je sais quelque chose sur la brousse ? Je lui ai dit que j'avais été élevé là-bas.

"Très bien", a-t-il dit, "essayez de parler de la brousse. Essaie tout ce qui te frappe. N'écris rien comme les autres si tu peux t'en empêcher. Voyons ce que tu peux faire." (4)

Q : Les chants de brousse étaient populaires à l'époque, mais vous les avez transformés en hymnes.

R : Les chants de brousse doivent être entendus avec un accompagnement de cisailles qui s'entrechoquent, lorsque la voix d'un tondeur s'élève dans le vacarme causé par la ruée et l'agitation d'un hangar de tonte, la bousculade des moutons dans leurs enclos et la hâte des ramasseurs ; ou lorsque, sur les routes, le bétail est agité dans son camp la nuit et que l'homme de garde, chevauchant autour d'eux, entonne "Bold Jack Donahue" pour calmer un peu leurs nerfs... Le vrai bushman ne précipite jamais ses chants. Elles sont conçues expressément pour passer le temps lors de longs voyages ou de lentes chevauchées épuisantes après des moutons ou du bétail fatigué ; ainsi, les chansons sont chantées consciencieusement jusqu'au bout - refrain et tout - et les trois derniers mots de la chanson sont toujours prononcés, jamais chantés. (5)

Q : Nous ferais-tu l'honneur de nous réciter une de tes ballades ? Et pourquoi pas une chanson sur les chemins de fer ?

R : Une demande, que dis-tu de ça !

LA BANDE VOLANTE

J'ai fait mon temps, dans le passé,

Dans le fracas des chemins de fer,

Et j'ai travaillé jusqu'à la fin,

et j'étais le chef de la "bande volante

C'était un groupe choisi que l'on gardait à portée de main

en cas de besoin urgent,

Que ce soit au sud ou au nord, nous étions lancés

et nous partions à toute vitesse.

Si la ville apprenait qu'un pont était en panne, la convocation impérieuse retentissait,

L'impérieuse convocation sonnait -

"Sortez avec le moteur pilote,

et partez avec la bande volante."

Puis un cri perçant et une poussée de vapeur

La locomotive s'est mise en marche,

Avec un rythme mesuré dans les taudis et les rues

De la ville animée que nous fuyons,

Par les hautes terres lumineuses et les fermes blanches,

Avec le souffle de la tempête de l'ouest,

Et le pilote se balançait au rythme de nos pas.

Alors qu'elle se balançait sur le rail.

Et les enfants de la campagne battaient des mains

Alors que les échos du moteur résonnaient,

Mais leurs aînés ont dit : "Il y a du travail en perspective

Quand ils enverront la bande volante".

Puis, à travers les kilomètres de la plaine de salines

Qui brillaient de la rosée du matin,

Où l'herbe ondulait comme le grain mûrissant

Le moteur pilote s'envole,

Une ruée ardente dans la brousse ouverte

Là où les marques de niveau semblent voler,

Et l'ordre a filé sur les fils à l'avant,

Le pilote doit passer.

Le spécial du gouverneur doit se tenir à l'écart,

Et l'express rapide doit être suspendu,

Que vos ordres soient que la ligne soit libre

Pour les garçons de la bande volante. (6)

Q : J'espère interviewer Rudyard Kipling un jour ou l'autre et je crois qu'il était l'un de tes camarades. As-tu un conseil à me donner ?

R : On s'attend à ce qu'un grand génie littéraire comme Kipling soit en quelque sorte un monstre : la boisson, les femmes, le tempérament, l'oisiveté, l'irrégularité des habitudes - presque tous les grands écrivains du passé avaient l'un ou l'autre de ces inconvénients, et certains d'entre eux les avaient tous. La vie de Byron se composait principalement de taches violettes ; et Swinburne n'était pas le héros de la chanson sur le bon jeune homme qui est mort. Aussi, lorsque je suis allée séjourner chez Kipling en Angleterre, j'étais préparée à tout.

Kipling détestait la publicité et dans sa vie privée, il n'était qu'un travailleur acharné, plein de bon sens et de sang-froid, sans aucun vice rédhibitoire que j'ai pu découvrir. C'est peut-être dommage, car il n'y a rien de plus intéressant que les scandales concernant les grands génies. (7)

Q : Je crois que M. Kipling a visité l'Australie ; vous a-t-il dit ce qu'il en avait pensé ?

R : Oui, il a dit : "Il faut que j'achète une maison en Australie un jour. J'ai une maison à New York et au Cap, mais j'aimerais vivre en Australie pendant un certain temps. J'y suis allé, mais je l'ai seulement traversé comme le diable a traversé Athlone, en sautant debout. Tu ne peux rien apprendre sur un pays de cette façon. Il faut y vivre et c'est alors que l'on peut comprendre les choses. En Australie, vous n'avez pas encore grandi. Vous pensez que la "Melbourne Cup" est la chose la plus importante au monde." (8)

Q : Vous avez également fait la connaissance d'un jeune Winston Churchill ?

R : Un correspondant de guerre, aux yeux de l'armée, est un mal à tolérer. Étant australien, cavalier de steeple et joueur de polo, j'avais une réputation (peut-être fictive) de juge du cheval et on me demandait constamment d'aller choisir des chevaux pour les officiers des dépôts de remonte. J'ai ainsi fait la connaissance de célébrités telles que Lord Roberts, French, Haig, Churchill et Kipling, et j'ai atteint un statut dans l'armée que je n'aurais jamais atteint en tant que correspondant.

Churchill avait une personnalité si forte que même à l'époque, alors qu'il était encore très jeune, l'armée était prête à parier qu'il irait en prison ou deviendrait premier ministre. Il avait fait un peu de soldat, mais il avait le don étrange de se mettre à dos ses officiers supérieurs et inférieurs. (9)

Q : M. Paterson, beaucoup de vos personnages étaient si terre à terre que vos lecteurs croyaient que vous écriviez sur des gens que vous connaissiez. Y avait-il vraiment un homme de Snowy River ?"

R : "L'homme de Snowy River" ... a été écrit pour décrire le nettoyage des chevaux sauvages dans mon propre district. Pour y parvenir, j'ai dû créer un personnage, imaginer un homme qui monterait mieux que quiconque, et d'où viendrait-il, si ce n'est de la Snowy ? Et quelle sorte de cheval monterait-il, si ce n'est un poney de montagne à moitié pur-sang ? J'étais persuadé qu'il devait y avoir un homme de Snowy River, et j'avais raison. Il y en a eu dans toutes les régions montagneuses - des hommes qui ont fait exactement la même randonnée et qui pourraient te donner le détail de chaque kilomètre parcouru et de chaque ruisseau traversé. Ce n'était pas une mince satisfaction de savoir qu'il y avait vraiment eu un homme de Snowy River - plus d'un d'entre eux... (10)

Q : Mon fils Simon aime beaucoup des poèmes que vous avez écrits pour les enfants. Ses préférés sont ceux qui parlent des écureuils volants et de l'ornithorynque. Si je l'appelle, pourrais-tu lui faire la lecture ?

R : Avec plaisir.

Je me suis excusée du balcon et j'ai expliqué à mon fils Simon, âgé de cinq ans, qu'il allait rencontrer "The Banjo" Paterson. Simon était vêtu de son costume de Spiderman et a reçu ce qui semblait être une poignée de main ferme de la part de M. Paterson. "Le Banjo a ensuite invité Simon à s'asseoir sur ses genoux pendant qu'il récitait ses poèmes :

ÉCUREUILS VOLANTS
Sur l'abreuvoir accidenté
En haut de la piste cavalière
Où il y a des années, comme le disent les vieux,
Les fendeurs allaient avec une charrette de bœufs
Mais jamais une charrette n'est revenue
A l'époque de la floraison des gommiers,
Quand l'odeur dans l'air est forte,
Et que la fleur s'agite dans la brise du soir,
Tu peux voir les écureuils parmi les arbres,
Jouer toute la nuit.
Jamais un seul souci
Ne perturbe leur cerveau simple.
Tu peux les voir glisser au clair de lune
D'arbre en arbre et de branche en branche,
Petits avions gris
Chacun d'eux dort comme un loir
Dans le bec d'un vieux gommier,
Une boule de fourrure avec un manteau argenté
Chacun avec une queue autour de sa gorge

De peur qu'il n'attrape un rhume.

Voici ce qu'il mange,

Demandant à ses amis de dîner :

Des papillons de nuit, des coléoptères et des pousses naissantes,

Du miel et des fruits indigènes,

Et un verre de rosée en guise de vin (11).

Simon frappa dans ses mains pendant que "Le Banjo" feuilletait le livre jusqu'à ce qu'il trouve celui qu'il voulait lire :

LE VIEIL HOMME ORNITHORYNQUE

Loin des ennuis et du labeur de la ville,

Là où les roselières balaient et frissonnent,

Regarde le fragment de velours brun -

Le vieil homme ornithorynque dérive vers le bas,

Dérivant le long de la rivière.

Et il joue et plonge dans les méandres de la rivière

Dans un style des plus insaisissables

Avec peu de relations et moins d'amis,

Car le vieil homme ornithorynque descend

D'une famille des plus insaisissables

Il partage son terrier sous la berge

Avec sa femme, son fils et sa fille

Aux racines des roseaux et des herbes grasses ;

Et les bulles montrent où notre héros a coulé

Jusqu'à son entrée sous l'eau

En sécurité dans le terrier sous les chutes

Ils vivent dans un monde de merveilles,

Où personne ne visite et personne n'appelle,

Ils dorment comme de petites boules de billard brunes

Avec leurs becs bien rangés en dessous.

M. Paterson a senti qu'il était temps pour lui de partir. Ne voulant pas effrayer Simon, il lui a tapoté doucement la tête et me l'a passé. Il s'est dirigé vers le couloir et a quitté la vue de Simon. Puis il s'est retourné, a souri, a incliné son chapeau - et a disparu. J'ai été ramenée à la réalité lorsque Simon a tiré sur ma chemise. Il s'impatientait à l'idée de terminer son poème bien-aimé :

Et il parle dans un grognement profond et inamical.

Alors qu'il poursuit son voyage solitaire

Car il n'a aucun lien de parenté avec le poisson ou la volaille,

Ni à l'oiseau, ni à la bête, ni au hibou ;

En fait, il est le seul et l'unique ! (12)

Simon et moi avons poursuivi la lecture jusqu'à la nuit, jusqu'à ce qu'il s'endorme dans mes bras. Je ne pense pas que Simon se rende compte de l'importance de sa rencontre avec "The Banjo" Paterson dans sa propre maison. Peut-être qu'un jour, il s'en rendra compte.

Lisez ces livres... Ils sont tous excellents !

L'homme de Snowy River et autres vers

Saltbush Bill J.P. et autres vers

Le chanteur de la brousse

Chanson de la plume

Banjo Paterson - Un trésor pour les enfants

Les Australiens de Banjo Paterson

Les cavaliers de la rivière Snowy

La puissance des trois éléphants et autres histoires

Les vieux jours d'école

L'homme qui était parti

Le poète de Pannikin

La rime des O'Sullivan

La route de Gundagai

Le feu de brousse - une allégorie

Un rêve de la Melbourne Cup

Le débordement de Clancy

L'hypnotiseur.

Hoo-roo !

Cathy McGough

Ton intervieweuse des écrivains légendaires de l'au-delà.

THOREAU EN PROMENADE

AUJOURD'HUI, NOUS ALLONS PARTAGER un bain de foule matinal avec un homme qui avait une âme de poète. Il s'appelle Henry David Thoreau et est né le 12 juillet 1817 à Concord, dans le Massachusetts. Lorsqu'il est mort, à l'âge de 45 ans, ses deux livres publiés s'étaient vendus misérablement. Pour Henry David Thoreau, il est certain qu'il a marché "au son d'un autre tambour".

(Excuse-moi un instant, le temps que je vérifie les progrès de Madame Delatour pour contacter M. Thoreau).

Apparemment, Madame Delatour n'a pas réussi à joindre M. Thoreau ce matin, bien qu'il ait accepté de nous accorder une interview aujourd'hui. Elle m'a suggéré de commencer à marcher, et elle l'amènera avec elle pour qu'il me rattrape tout à l'heure.

Me sentant un peu folle, j'ai accepté cette idée et j'étais très contente de sortir dans l'air du matin. Je ne suis pas vraiment une "personne du matin" - mais une fois que l'air m'atteint, je peux généralement suivre le rythme des meilleurs d'entre eux.

J'ai commencé à marcher sur le sentier, le long des gommiers, et j'ai aperçu un bébé kookaburra assis dans ses bras. Je me suis arrêté pour faire le bruit d'un kookaburra, mais il n'a pas reconnu ma version déformée de son rire et ne m'a guère prêté attention. Des lézards couraient au hasard tandis que je me déplaçais le long de l'allée et dans la rue.

Je me suis arrêté un moment pour réfléchir à l'itinéraire qui plairait le plus à M. Thoreau et j'ai décidé de traverser une partie du chemin sur le pont et de l'y attendre.

Je me tenais sur le pont, regardant vers le bas tandis que le soleil dansait sur mon reflet ondulant. J'ai récité un des poèmes de M. Thoreau à haute voix :

LE GARÇON DU PÊCHEUR
Ma vie est comme une promenade sur la plage,
Aussi près du bord de l'océan que je peux aller
Mes pas tardifs atteignent parfois ses vagues,
Parfois je reste pour les laisser déborder.
Mon seul travail est, et un soin scrupuleux,
De placer mes gains hors de portée des marées, -
Chaque caillou plus lisse, et chaque coquillage plus rare,
Que l'océan confie gentiment à ma main.

La mer du milieu

C'est alors que M. Thoreau termine la dernière strophe

La mer du milieu ne contient pas de dulse cramoisie,

Ses vagues plus profondes ne jettent pas de perles à la vue.

Le long du rivage, ma main est sur son pouls,

Et je converse avec de nombreux naufragés. (1)

Madame Delatour et moi-même avons applaudi vigoureusement. M. Thoreau a retiré sa casquette et s'est incliné. Je lui ai tendu la main pour lui souhaiter la bienvenue à Cooks River, à Sydney, en Australie, mais il n'a pas semblé me remarquer. Madame Delatour avait toute son attention.

M. Thoreau l'a complimentée sur sa charmante apparence. Il a soulevé sa main et l'a serrée contre son cœur tout en la regardant profondément dans les yeux. Il lui a pris la main et l'a embrassée passionnément en lui demandant si sa main était "promise" à quelqu'un.

Madame Delatour est rarement à court de mots, mais cette fois-ci, elle ne pouvait pas parler. Elle a pris soin de ne pas offenser M. Thoreau qui n'était pas son genre, a marmonné quelque chose et nous a dit adieu. Je n'ai jamais vu quelqu'un avec des talons hauts de 3 pouces marcher aussi vite !

M. Thoreau a regardé Blanchetta disparaître de son champ de vision, puis il m'a rejoint pour se promener sur le pont en bois. Un poisson a sauté, semblant agiter sa queue en guise de salut, et M. Thoreau s'est arrêté pour le saluer à son tour.

Il était près de 6 heures du matin et M. Thoreau m'a fait un compliment. Il a supposé que puisque j'étais dehors aux petites heures du matin, c'était ma routine habituelle.

Je n'ai pas voulu gâcher son illusion, mais j'ai ressenti le besoin d'avouer ce que j'ai fait, et voici ce qu'il m'a répondu :

L'air du matin ! Si tu ne veux pas en boire à la source du jour, alors nous devons même en mettre en bouteille et le vendre dans les magasins, pour le bénéfice de ceux qui ont perdu leur ticket d'abonnement à l'heure du matin dans ce monde !

Tu dois apprendre à te réveiller et à te tenir éveillé, non pas par des aides mécaniques, mais par une attente infinie de l'aube, qui ne t'abandonne pas dans ton sommeil le plus profond. Je ne connais pas de fait plus encourageant que la capacité incontestable de l'homme à élever sa vie par un effort conscient. C'est quelque chose de pouvoir peindre un tableau particulier, ou de sculpter une statue, et de rendre ainsi quelques objets beaux ; mais il est bien plus glorieux de sculpter et de peindre l'atmosphère et le milieu mêmes à travers lesquels nous regardons, ce que, moralement, nous pouvons faire. Affecter la qualité de la journée, c'est le plus grand des arts. Chaque homme est chargé de faire en sorte que sa vie, même dans ses détails, mérite la contemplation de son heure la plus élevée et la plus critique. Si nous refusions, ou plutôt si nous utilisions les informations dérisoires que nous recevons, les oracles nous indiqueraient clairement comment y parvenir. (2)

J'ai expliqué la théorie selon laquelle on est une "personne du matin" par opposition à une "personne de l'après-midi" ou du "soir"... comment certaines personnes ne sont pas tout à fait sociables jusqu'à une certaine heure de la journée. À cela, il s'est exclamé :

Pshhha ! Bientôt, tu me diras que tu te sens à l'aise pour marcher sur des sentiers accidentés - avec des chaussures totalement inadaptées à la tâche !

J'ai regardé ma paire de bottes noires à la cheville avec leur joli petit talon de 2 pouces et je n'ai pas pu m'empêcher de rire.

Q : Puisque nous avons déjà abordé le sujet, quelle est ton opinion sur la mode ?

R : Le chef des singes de Paris met une casquette de voyageur et tous les singes d'Amérique font de même. L'objectif principal n'est pas que l'humanité soit bien et honnêtement vêtue, mais, sans aucun doute, que les sociétés s'enrichissent. (3)

Q : Les choses n'ont pas beaucoup changé, même aujourd'hui, M. Thoreau. Le monde réclame toujours les dernières modes, dont certaines vous choqueraient ! Que penses-tu du changement ?

R : Tout changement est un miracle à contempler ; mais c'est un miracle qui se produit à chaque instant.

Confucius a dit : "Savoir que nous savons ce que nous savons, et que nous ne savons pas ce que nous ne savons pas, voilà la vraie connaissance." Lorsqu'un homme aura réduit un fait de l'imagination à être un fait à sa compréhension, je prévois que tous les hommes finiront par établir leur vie sur cette base. (4)

Q : Pourriez-vous nous lire un poème ?

A : Je te dédie celui-ci, Cathy :

AMITIÉ

Je pense un peu à l'Amour, et pendant que je pense,
L'amour est pour moi un monde,
La seule viande et la boisson la plus douce,
Et un lien étroit
Entre le ciel et la terre.
Je sais seulement que c'est le cas, mais je ne sais pas comment ni pourquoi,
Mon plus grand bonheur ;
J'ai beau essayer,
Pas si je devais mourir,
Je ne pourrais pas l'expliquer.
Je voudrais bien demander à mon ami comment c'est possible,
Mais quand le moment arrive,
L'amour est plus beau
Que n'importe quoi pour moi,
Et je suis donc muet.

Car si la vérité était connue, l'amour ne peut pas parler,
Mais seulement penser et faire ;
Bien qu'à coup sûr, il fuira
Sans l'aide du grec,
Ou de n'importe quelle langue.
Un homme peut aimer la vérité et la pratiquer,
Il peut admirer la beauté,
Et ne pas omettre la bonté,
Autant qu'il convient
de révérence.
Mais seulement quand ces trois-là se rencontrent,
Comme ils s'inclinent toujours,
Et font d'une seule âme le siège,
Et la retraite préférée,
de la beauté ;
Quand sous une forme semblable, comme les amours et les haines
Et une nature semblable,
Proclame que nous sommes des partenaires,
Exposés à des destins égaux
éternellement ;
Et chacun peut aider l'autre et le servir,
En resserrant les liens de l'amour,
Service qu'il ne regrettera jamais
Tandis qu'un et un font deux,
Et que deux ne font qu'un ;
Dans ce cas seulement, l'homme prouve pleinement

Tout ce que l'homme peut faire,
Quel pouvoir il y a dans l'amour
Son âme la plus profonde pour se mouvoir
Sans relâche.

Je veux parler de deux chênes robustes qui, côte à côte,
Résistent à la tempête de l'hiver,
Et malgré les vents et les marées,
Font la fierté de la prairie,
Car tous deux sont forts
Au-dessus, ils se touchent à peine, mais sapés
Jusqu'à leur source la plus profonde,
Admirez-les
Leurs racines sont entrelacées
Insep'rablement. (5)

Q : J'ai beaucoup apprécié la lecture de votre livre "WALDEN". Je n'ai pas pu m'empêcher d'envier votre situation unique et votre courage. Quelle est la chose la plus importante que tu as apprise ?

Pour ceux d'entre vous qui ne le savent pas, M. Thoreau s'est rendu à Walden Pond où il s'est construit une cabane dans laquelle il a vécu en autarcie de 1845 à 1947.

A : J'ai appris que si quelqu'un avance avec confiance dans la direction de ses rêves et s'efforce de vivre la vie qu'il a imaginée, il rencontrera un succès inattendu dans les heures ordinaires. Il laissera certaines choses derrière lui, passera une frontière invisible ; des lois nouvelles, universelles et plus libérales commenceront à s'établir autour de lui et en lui ; ou bien les anciennes lois seront élargies et interprétées en sa faveur dans un sens plus libéral, et il vivra avec la licence d'un ordre supérieur d'êtres. Dans la mesure où il simplifie sa vie, les lois de l'univers lui paraîtront moins complexes, et la solitude ne sera pas la solitude, ni la pauvreté, la pauvreté, ni la faiblesse, la faiblesse. Si tu as construit des châteaux dans les airs, ton travail n'a pas besoin d'être perdu ; c'est là qu'ils doivent être. Maintenant, mets les fondations sous ces châteaux. (6)

Q : Vous avez construit votre propre mansarde à "Walden", recommandez-vous à d'autres d'entreprendre une telle tâche ?

R : Il y a dans la construction d'une maison par un homme un peu de la même aptitude que dans la construction d'un nid par un oiseau. Qui sait si les hommes ne construisent pas leur maison de leurs propres mains et s'ils ne se nourrissent pas simplement et honnêtement, la faculté poétique serait universellement développée, comme les oiseaux chantent universellement lorsqu'ils sont occupés à le faire ? Mais hélas ! Nous faisons comme les vachers et les coucous, qui pondent leurs œufs dans des nids que d'autres oiseaux ont construits et qui n'encouragent aucun voyageur avec leurs notes bavardes et non musicales. (7)

Q : Certains sont des bâtisseurs, d'autres des rêveurs - vous ne pensez tout de même pas que tout le monde a la capacité de faire ce que vous avez fait ?

R : Chaque enfant recommence le monde, dans une certaine mesure, et aime rester dehors, même dans l'humidité et le froid. Il joue à la maison, ainsi qu'au cheval, ayant un instinct pour cela. Qui ne se souvient pas de l'intérêt avec lequel, lorsqu'il était jeune, il regardait les rochers qui s'étagent ou toute approche d'une grotte ? C'était le désir naturel de cette partie de notre ancêtre le plus primitif qui nous a survécu. De la grotte, nous sommes passés à des toits de palmiers, d'écorce et de branchages, de lin tissé et tendu, d'herbe et de paille, de planches et de bardeaux, de pierres et de tuiles. Enfin, nous ne savons pas ce que c'est que de vivre à l'air libre, et nos vies sont domestiques dans plus de sens que nous ne le pensons. Du cœur au champ, il y a une grande distance. Il serait bien peut-être que nous passions plus de jours et de nuits sans aucun obstacle entre nous et les corps célestes, que le poète ne parle pas tant sous un toit, ou que le saint n'y demeure pas si longtemps. Les oiseaux ne chantent pas dans les grottes, et les colombes ne chérissent pas leur innocence dans les pigeonniers. (8)

Q : Mon fils commence ses études cette année, et déjà mon mari et moi nous inquiétons de son avenir. As-tu des conseils à nous donner ?

A : Si je voulais qu'un garçon connaisse quelque chose des arts et des sciences, par exemple, je ne suivrais pas la voie commune, qui consiste simplement à l'envoyer dans le voisinage d'un professeur, où l'on professe et pratique n'importe quoi, sauf l'art de la vie ; - à étudier le monde à travers un télescope ou un microscope, et jamais avec son œil naturel ; d'étudier la chimie, et de ne pas apprendre comment son pain est fait, ou la mécanique, et de ne pas apprendre comment elle est gagnée ; de découvrir de nouveaux satellites de Neptune, et de ne pas détecter les mottes dans ses yeux, ou à quel vagabond il est lui-même un satellite ; ou d'être dévoré par les monstres qui pullulent autour de lui, tout en contemplant les monstres dans une goutte de vinaigre.

Lequel aurait le plus progressé à la fin du mois, - le garçon qui avait fabriqué son propre couteau à valet à partir du minerai qu'il avait creusé et fondu, en lisant autant que nécessaire pour cela, - ou le garçon qui avait assisté entre-temps aux conférences sur la métallurgie à l'Institut, et avait reçu de son père un canif de Rogers ? Lequel risque le plus de se couper les doigts ? (9)

Q : Merci pour tes conseils. Il n'y a aucun doute sur le garçon que je préférerais que mon fils soit. M. Thoreau, vous avez passé un certain temps en prison. Pourriez-vous nous décrire ce qui s'est passé et pourquoi vous y étiez ?

R : Je n'ai pas payé de taxe électorale pendant six ans. J'ai été mis en prison une fois pour cette raison, pour une nuit ; et, alors que je considérais les murs de pierre solide, de deux ou trois pieds d'épaisseur, la porte de bois et de fer, d'un pied d'épaisseur, et la grille de fer qui tamisait la lumière, je n'ai pas pu m'empêcher d'être frappé par la folie de cette institution qui me traitait comme si je n'étais que de la chair, du sang et des os, pour être enfermé. Je m'étonnais qu'elle ait finalement conclu que c'était le meilleur usage qu'elle pouvait faire de moi et qu'elle n'ait jamais pensé à se servir de mes services d'une manière ou d'une autre.

J'ai vu que, s'il y avait un mur de pierre entre moi et mes concitoyens, il y en avait encore un plus difficile à escalader ou à franchir avant qu'ils ne puissent être aussi libres que moi. Je ne me suis pas sentie confinée un seul instant, et les murs m'ont semblé être un grand gaspillage de pierre et de mortier. J'avais l'impression d'être le seul de tous mes concitoyens à avoir payé ma taxe. Ils ne savaient manifestement pas comment me traiter, mais se comportaient comme des personnes mal élevées. Dans chaque menace et dans chaque compliment, il y avait une erreur, car ils pensaient que mon principal désir était de me trouver de l'autre côté de ce mur de pierre. Je n'ai pu m'empêcher de sourire en voyant avec quelle ardeur ils verrouillaient la porte sur mes médiations, qui les suivaient de nouveau sans laisser de place ni d'obstacle, et elles étaient vraiment tout ce qu'il y avait de dangereux. Comme ils ne pouvaient pas m'atteindre, ils avaient résolu de punir mon corps. J'ai vu que l'État était à moitié idiot et j'ai perdu tout le respect qui me restait pour lui et j'ai eu pitié de lui. (10)

Q : Si tu ne t'es jamais sentie piégée, comme ils voulaient que tu le sois, penses-tu que tu as découvert des choses sur toi-même, que tu n'aurais peut-être jamais su autrement ?

R : C'était comme voyager dans un pays lointain que je ne m'attendais pas à voir, pour y passer une nuit. Il me semblait que je n'avais jamais entendu l'horloge de la ville sonner, ni les bruits du village le soir, car nous dormions avec les fenêtres ouvertes, qui se trouvaient à l'intérieur de la grille. C'était comme si je voyais mon village natal dans la lumière du Moyen-Âge, et notre Concorde se transformait en un ruisseau du Rhin, et des visions de chevaliers et de châteaux passaient devant moi. C'étaient les voix de vieux bourgeois que j'entendais dans les rues. J'étais un spectateur et un auditeur involontaire de tout ce qui se faisait et se disait dans la cuisine de l'auberge du village voisin - une expérience tout à fait nouvelle et rare pour moi. C'était une vision plus proche de ma ville natale. Je me trouvais presque à l'intérieur. Je n'avais jamais vu ses institutions auparavant. C'était l'une de ses institutions particulières, car c'était une ville de comté. J'ai commencé à comprendre ce qu'étaient ses habitants. (11)

Q : As-tu été ravi d'être libéré ?

R : Lorsque je suis sorti de prison - car quelqu'un s'en est mêlé et a payé la taxe - je n'ai pas perçu que de grands changements s'étaient produits sur la commune, tels que ceux observés par celui qui est entré jeune et en est ressorti chancelant et avec des têtes grises ; et pourtant, un changement s'était produit à mes yeux sur la scène - la ville, l'État et le pays - plus grand que tout ce que le simple temps pouvait produire. J'ai vu encore plus distinctement l'État dans lequel je vivais. J'ai vu dans quelle mesure les gens parmi lesquels je vivais pouvaient être considérés comme de bons voisins et amis ; que leur amitié ne durait que l'été ; qu'ils ne se proposaient pas vraiment de faire le bien ; qu'ils formaient une race distincte de la mienne par leurs préjugés et leurs superstitions. Qu'ils ne couraient aucun risque dans leurs sacrifices à l'humanité, pas même pour leurs biens ; qu'après tout ils n'étaient pas si nobles, mais qu'ils traitaient le voleur comme il les avait traités, et qu'ils espéraient, par une certaine observance extérieure et quelques prières, et en marchant de temps en temps dans un sentier particulier, droit bien qu'inutile, sauver leurs âmes. C'est peut-être juger sévèrement mes voisins, car je crois que beaucoup d'entre eux ne savaient pas qu'il y avait une institution telle qu'une prison dans leur village. (12)

Q : Avez-vous été traité différemment lorsque vous êtes revenu dans la société ?

R : C'était autrefois la coutume dans notre village, lorsqu'un pauvre débiteur sortait de prison, que ses connaissances le saluent, en regardant à travers leurs doigts, qui étaient croisés pour représenter la grille d'une fenêtre de prison : "Comment allez-vous ?".

Mes voisins ne me saluèrent pas ainsi, mais me regardèrent d'abord, puis entre eux, comme si je revenais d'un long voyage. On m'a mis en prison alors que j'allais chez les cordonniers chercher une chaussure, qui a été raccommodée. Lorsque je fus libéré le lendemain matin, je terminai ma course et, après avoir mis ma chaussure réparée, je rejoignis un groupe de chasseurs de myrtilles, qui étaient impatients de se mettre sous ma conduite ; et en une demi-heure - car le cheval fut vite plaqué - j'étais au milieu d'un champ de myrtilles, sur l'une de nos plus hautes collines, à deux miles de là, et l'État n'était alors nulle part visible. Telle fut l'histoire de "Mes Prisons". (13)

Q : Selon toi, quel est le pouvoir de l'écriture ?

R : Un mot écrit est la plus belle des reliques. C'est quelque chose d'à la fois plus intime avec nous et plus universel que n'importe quelle autre œuvre d'art. C'est l'œuvre d'art la plus proche de la vie elle-même. Elle peut être traduite dans toutes les langues, et non seulement être lue mais aussi respirée par toutes les lèvres humaines ; - non seulement être représentée sur une toile ou dans du marbre, mais être sculptée dans le souffle de la vie elle-même. (14)

Q : As-tu un conseil à donner aux lecteurs de 2003 et au-delà ?

R : Simplicité, simplicité, simplicité ! Je dis : que vos affaires soient comme deux ou trois, et non comme cent ou mille ; au lieu d'un million, comptez une demi-douzaine, et tenez vos comptes sur l'ongle de votre pouce. Simplifiez, simplifiez. Au lieu de trois repas par jour, si c'est nécessaire, n'en prenez qu'un seul ; au lieu de cent plats, cinq ; et réduisez les autres choses en proportion. Quelle que soit la méchanceté de votre vie, rencontrez-la et vivez-la ; ne la fuyez pas et ne la traitez pas de tous les noms. Elle n'est pas aussi mauvaise que toi. C'est quand tu es le plus riche qu'elle semble la plus pauvre. Le chercheur de défauts trouvera des défauts même au paradis. Aime ta vie, aussi pauvre soit-elle. Tu pourras peut-être passer des heures agréables, palpitantes et glorieuses, même dans un asile de pauvres. Le soleil couchant se reflète sur les fenêtres de l'aumône avec autant d'éclat que sur la demeure du riche ; la neige fond devant sa porte dès le début du printemps. Je ne vois pas comment un esprit tranquille pourrait y vivre aussi satisfait et avoir des pensées aussi réjouissantes que dans un palais. (15)

Q : Je ne sais pas combien de temps il reste, mais j'aimerais t'entendre réciter un ou deux autres poèmes ?

R : Ces deux-là marchent main dans la main :

SMOKE
Fumée aux ailes légères, oiseau icarien,
Faisant fondre tes pignons dans ton vol ascendant ;
Alouette sans chant, et messagère de l'aube,
Tournant au-dessus des hameaux comme ton nid ;
Ou encore, rêve qui s'en va, et forme d'ombre
De la vision de minuit, rassemblant tes jupes ;
La nuit, voilant les étoiles, et le jour
obscurcissant la lumière et effaçant le soleil ;
Va, mon encens, vers le haut de ce foyer,
Et demande aux dieux de pardonner cette flamme
claire.

BRUME
Nuage de basse altitude,
L'air de Terre-Neuve,
Tête de source et source des rivières,
Tissu de rosée, draperie de rêve,
Et serviette de table étalée par les fays ;
La prairie de l'air qui dérive,
Où fleurissent les marguerites et les violettes,
Et dans son labyrinthe de foin
Le butor s'ébroue et le héron patauge ;
Esprit des lacs, des mers et des rivières,
Ne porte que les parfums et l'odeur

Des herbes curatives aux champs des hommes justes. (16)

Q : M. Thoreau, merci d'avoir éclairé mon esprit avec vos mots. Vous êtes un véritable poète. Vous commencez à pâlir, et en effet votre temps est compté.

A : Le temps n'est qu'un ruisseau dans lequel je pêche. Je m'y abreuve, mais tout en buvant, je vois le fond sablonneux et je m'aperçois qu'il est peu profond. Son mince courant glisse, mais l'éternité demeure. Je voudrais boire plus profondément ; pêcher dans le ciel dont le fond est caillouteux et parsemé d'étoiles. Je ne peux pas en compter une seule. (17)

Henry David Thoreau a disparu une fois de plus. Je m'attends à ce qu'il soit plus apprécié au paradis qu'il ne l'a jamais été sur terre. Alors que mes pensées continuaient dans cette veine, soudain, à travers les arbres, comme un chant du vent, Henry David Thoreau a murmuré :

Si l'homme ne suit pas le rythme de ses compagnons, c'est peut-être parce qu'il entend un tambour différent. Laissez-le marcher sur la musique qu'il entend, même si elle est mesurée ou lointaine. Il n'est pas important qu'il mûrisse aussi vite qu'un pommier ou qu'un chêne. Doit-il transformer son printemps en été ?

Si l'état des choses pour lequel nous sommes faits n'est pas encore là, quelle est la réalité à laquelle nous pouvons nous substituer ? Nous ne ferons pas naufrage sur une réalité vaine. Érigerons-nous à grand-peine un ciel de verre bleu au-dessus de nous-mêmes, même si, une fois que ce sera fait, nous serons sûrs de contempler encore le vrai ciel éthéré loin au-dessus, comme si le premier n'existait pas ? (18)

Je te suggère de lire d'abord "Walden" - puis de te plonger dans le reste !

Walden

Sur le devoir de désobéissance civile Pt. 1 & 2

Inspiration

La marche

La vie sans principe

La dispersion des graines

Bois du Maine

Je connaissais un homme de vue

Prier pour quelle terre ?

Épitaphe sur le monde

Une semaine sur les rivières Concord et Merrimack

Un Yankee au Canada

Sympathie

L'amour libre

À une volaille égarée

La pluie d'été

Le chevalier noir

Amitié.

À bientôt !

Cathy McGough

Ton intervieweuse des écrivains légendaires de l'au-delà.

LORD BYRON FAIT SON ENTRÉE

C'EST EN JUILLET 2001 que Madame Delatour m'a amené Lord Byron. (Lord Byron était le seul écrivain à avoir demandé que l'entretien se déroule dans un lieu précis de son choix.

Notre destination était Croft-on-Tees, dans le Yorkshire du Nord. M. Byron nous a demandé de le rencontrer au presbytère (dont j'ai découvert qu'il s'appelait maintenant le Old Rectory). Il a dit qu'il apparaîtrait derrière un banc Milbanke recouvert d'un rideau. (1)

Une fois arrivés à l'aéroport de Gatwick à Londres, nous avons utilisé les installations, pris quelques collations et boissons, puis nous nous sommes rendus à "Alamo Auto Rentals".

Madame Delatour était tout excitée à l'idée de conduire de l'autre côté de la route - j'ai donc pris le volant et nous sommes partis. Le trajet s'est déroulé sans encombre, et à mesure que nous nous rapprochions du Yorkshire, nous ne pouvions pas nous empêcher de remarquer l'austérité du paysage tout autour de nous.

Nous nous sommes arrêtés à l'Old Rectory à 11 heures et nous sommes entrés immédiatement. Madame Delatour s'est mise au travail pour appeler Lord Byron auprès de nous. Il lui avait donné des instructions précises pour qu'elle n'entre pas dans la zone couverte par les rideaux, car il voulait faire une "entrée".

George Gordon Byron est né le 22 janvier 1788. Il a mené une vie remplie de controverses et parfois de grabuge. Il est né en Angleterre, mais est parti vivre à l'étranger pour échapper aux scandales et aux rumeurs.

Lord Byron est mort le 19 avril 1824, et à sa demande, son corps a été ramené en Angleterre. On lui refuse l'enterrement au Poet's Corner de l'abbaye de Westminster et il est enterré dans le caveau familial à Hucknall Torkard, dans le Nottinghamshire. Plusieurs années après sa mort, un comité chargé d'élever un mémorial à Byron a été préparé et proposé à l'abbaye de Westminster. Ce projet a également été refusé. (2)

Je vais vous lire un des poèmes de Lord Byron pendant que nous attendons :

QUAND NOUS NOUS SOMMES QUITTÉS
Quand nous nous sommes séparés
Dans le silence et les larmes,
Le cœur à moitié brisé,
Pour se séparer pendant des années,
Ta joue est devenue pâle et froide,
plus froid ton baiser ;
En vérité, cette heure a prédit
Le chagrin jusqu'à aujourd'hui.
La rosée du matin
A coulé froidement sur mon front -
C'était comme un avertissement
De ce que je ressens maintenant.
Tes vœux sont tous rompus,
Et la lumière est ta renommée :
J'entends ton nom prononcé,
Et je partage sa honte.
Ils te nomment devant moi,
Un glas à mon oreille ;
Un frisson me parcourt -
Pourquoi étais-tu si cher ?
Ils ne savent pas que je t'ai connu,
Qui te connaissait trop bien : -
Longtemps, longtemps je te regretterai
Trop profondément pour le dire.
En secret, nous nous sommes rencontrés -
En silence, je m'afflige
Que ton cœur puisse oublier,

Que ton esprit trompe.
Si je devais te rencontrer
Après de longues années,
Comment devrais-je te saluer ?
Par le silence et les larmes. (3)

Madame Delatour et moi étions hors de nous, en larmes, lorsque Lord Byron sortit de derrière le paravent, écartant le rideau cramoisi comme s'il s'attendait à la ruée d'un taureau de l'autre côté. Il portait un costume de velours bleu royal, avec des volants sur les poignets et sur le col d'une chemise blanche. D'une apparence saisissante, il s'est avancé vers nous, prenant d'abord la main de Madame Delatour dans la sienne et l'embrassant légèrement, puis faisant de même avec la mienne. Il a fait le tour du presbytère en l'observant, comme s'il cherchait quelqu'un ou quelque chose.

Madame Delatour s'est éclipsée (un peu à contrecœur) par la porte arrière, nous laissant, Lord Byron et moi-même, assis seuls dans le premier banc. Le bois dur a grincé lorsque je me suis assise, et Lord Byron s'est jeté sur le banc comme s'il s'agissait d'un canapé dans sa propre maison, me regardant, la tête reposant sur ses mains jointes.

Q : Puis-je vous demander pourquoi vous avez choisi d'être interviewé ici ?

Q : Avez-vous fait des recherches sur cette réunion ? Pouvez-vous me dire pourquoi vous pensez que je vous ai demandé de venir ici, madame ?

R : Je ne peux que faire des suppositions. Est-ce parce que vous avez épousé Lady Ann Isabella ici en 1815 ?

A : Ah oui. Malheureusement. Je n'ai jamais vu personne amélioré par le mariage. Tous mes contemporains mariés étaient chauves et mécontents. Wordsworth et Southey ont tous deux perdu leurs cheveux et leur bonne humeur ; et le dernier des deux avait beaucoup à perdre. (4)

Q : J'aimerais en savoir plus sur ton enfance. Raconte-moi, s'il te plaît.

R : Je suis né, comme le disent les infirmières, avec une cuillère en argent dans la bouche, elle est restée coincée dans ma gorge et a gâté mon palais, de sorte que rien de ce qu'on y met n'est avalé avec beaucoup de délectation - à moins que ce ne soit du poivre de Cayenne. (5) Question suivante.

Q : Tu avais tout juste 20 ans lorsque tes poèmes ont été inclus pour la première fois dans un recueil intitulé "Juvenilia" en 1808. Qu'avez-vous ressenti en voyant votre travail imprimé ?

R : Je me souviens encore de ce qui était écrit dans "The Edinburgh Review" :

"La Poésie de ce jeune lord appartient à la classe que ni les dieux ni les hommes ne sont censés autoriser. En effet, nous ne nous souvenons pas d'avoir vu une quantité de vers avec si peu d'écarts par rapport à cette norme exacte. Ses épanchements s'étalent sur une plaine morte et ne peuvent pas plus s'élever au-dessus ou au-dessous du niveau que s'il s'agissait d'une eau stagnante." (6)

Je me souviens de l'effet que cela a eu sur moi - c'était de la rage, de la résistance et de la réparation - mais pas de l'abattement ni du désespoir. J'admets que ce ne sont pas des sentiments aimables, mais dans ce monde d'agitation et d'agitation, et en particulier dans la carrière d'écrivain, un homme devrait calculer ses capacités de résistance avant d'entrer dans l'arène. (7)

Q : Est-il vrai que vous n'avez jamais édité votre travail ?

R : Quand j'écrivais, je le faisais avec rapidité et rarement avec peine... Quand je prenais la plume pour la première fois, je devais dire ce qui me venait à l'esprit ou le rejeter. J'ai toujours écrit aussi vite que je pouvais mettre la plume sur le papier, et je n'ai jamais révisé que les épreuves... Je ne peux jamais refondre quoi que ce soit. Je suis comme le tigre ; si je rate le premier printemps, je retourne en grommelant dans ma jungle. (8)

Johnson nous a montré qu'aucune poésie n'est parfaite ; mais corriger mon travail aurait été un labeur herculéen. En fait, je n'ai jamais regardé au-delà du moment de la composition, et j'ai publié simplement à la demande de mes amis. (9)

Q : L'autre jour, j'ai découvert en ligne un exemplaire rare de "Juvenilia". Peux-tu deviner le prix ? Il était de 2500 livres !

Q : Qu'est-ce que l'Internet ?

J'ai fouillé dans ma mallette et j'ai sorti mon ordinateur portable, je l'ai allumé et je lui ai montré. Il a regardé avec stupéfaction pendant que je tapais les mots d'un de ses poèmes.

R : C'est un appareil de communication et les écrivains comme moi y enregistrent tout. Tu n'as pas besoin de papier ni de crayon. Tout est stocké dans la banque de mémoire de l'ordinateur.

A : Ça ressemble à de la diablerie pour moi !

Lord Byron se lève et se dirige vers l'autel. Il attendait derrière la chaire. J'ai vite compris qu'il voulait que je mette de côté la "diablerie" et que je lui accorde toute mon attention.

CE JOUR, J'ACHÈVE
MA TRENTE-SIXIÈME ANNÉE
Il est temps que le cœur reste immobile,
Puisque d'autres ont cessé de bouger :
Pourtant, même si je ne peux pas être aimé,
Laissez-moi quand même aimer !
Mes jours sont dans la feuille jaune ;
Les fleurs et les fruits de l'amour ont disparu ;
Le ver, le chancre et le chagrin
Sont à moi seul !
Le feu qui s'attaque à mon sein
Est solitaire comme une île volcanique ;
Aucune torche n'est allumée à son feu...

Une pile funèbre.
L'espoir, la peur, le soin jaloux,
La part exaltée de la douleur
Et le pouvoir de l'amour, je ne peux pas les partager,
Mais je porte la chaîne.
Mais ce n'est pas ainsi - et ce n'est pas ici -
De telles pensées ne devraient pas ébranler mon
âme, ni maintenant,
Là où la gloire orne le cercueil du héros,
Ou lie son front.
L'épée, la bannière et le champ,
La gloire et la Grèce, je les vois autour de moi !
Le Spartiate, porté par son bouclier,
N'était pas plus libre.
Réveille-toi ! (pas la Grèce, elle est réveillée !)
Réveille-toi, mon esprit ! Réfléchis à travers qui
Ton sang vital suit la trace de son lac d'origine,
Et puis frappe à la porte !
Fouille ces passions qui se ravivent,
Homme indigne ! - jusqu'à toi
Le sourire ou le froncement de sourcils
De la beauté.
Si tu regrettes ta jeunesse, pourquoi vivre ?
Le pays de la mort honorable
Est ici : -sur le champ, et donne ton souffle !
Le temps d'une journée, il n'y a pas d'autre solution.
Il n'y a pas d'autre solution que de s'en débarrasser.
Une tombe de soldat, la meilleure pour toi ;
Puis regarde autour de toi, et choisis ton terrain,

Et prends ton repos. (10)

Q : Vous avez une belle voix, Lord Byron. Avez-vous déjà essayé de chanter ?

R : Lorsque j'étais à Aston, lors de ma première visite, j'ai eu l'habitude, en passant mon temps un peu seul, de -- je n'appellerai pas cela chanter, car je n'essaie jamais de le faire sauf pour moi-même -- mais de prononcer, sur ce que je pense être des airs, vos "Oh breathe not", "When the last glimpse", et "When he who adores thee", avec d'autres du même ménestrel ; -- ce sont mes matines et mes vêpres. Je n'avais certainement pas l'intention de les faire entendre, mais, un matin, arriva, non pas La Donna, mais Il Marito, avec un visage très grave, disant : "Byron, je dois te demander de ne plus chanter, au moins ces chansons." J'ai regardé fixement et j'ai dit : "Certainement, mais pourquoi ?" - "Pour vous dire la vérité," dit-il, "elles font pleurer ma femme, et sont si mélancoliques que je souhaite qu'elle n'en entende plus parler." (11)

Q : Est-il vrai que "Zuleika" a failli ne pas être publié ?

R : Un ami m'a un jour conseillé (sans le voir, d'ailleurs) de ne pas publier "Zuleika" ; je croyais qu'il avait raison, mais l'expérience lui a peut-être appris que ne pas imprimer est physiquement impossible. C'est une chose horrible à faire trop souvent ; - mieux vaut imprimer et ceux qui aiment peuvent lire, et s'ils n'aiment pas, vous avez la satisfaction de savoir qu'ils ont, au moins, acheté le droit de le dire. (12)

Q : Quelle est ton opinion sur William Shakespeare ?

R : Le nom de Shakespeare, vous pouvez en être sûr, est absurdement trop haut et va descendre. Il n'a pas inventé d'histoires, il n'a rien inventé du tout. Il a tiré toutes ses intrigues de vieux romans et a donné à leurs histoires une forme dramatique, avec aussi peu de réflexion que vous et moi pourrions transformer ses pièces de théâtre en contes en prose. Personne ne peut nier qu'il a jeté sur tout ce qu'il a écrit quelques éclairs de génie, mais c'est tout.

Supposez que quelqu'un ait à manipuler pour la première fois des histoires toutes faites comme Lear, Macbeth, etc. et il serait bien triste s'il n'en faisait pas quelque chose de très grand.

Quant à ses pièces historiques, proprement historiques, je veux dire qu'elles n'étaient que des remaniements de pièces antérieures sur les mêmes sujets, et dans vingt cas sur vingt et un, les plus belles, les très belles choses, sont tirées presque mot pour mot des anciennes affaires. Tu penses sans doute qu'un cheval, un cheval, mon royaume pour un cheval ! est de Shakespeare. Il n'en est rien.

Tu trouveras tout cela chez le vieux dramaturge sans nom. Ne pourrait-on pas reprendre Tom Jones et l'améliorer, sans être un plus grand génie que Fielding ? Pour ma part, je pense que les pièces de

Shakespeare pourraient être améliorées, et le public semble, et a semblé, le penser aussi, car aucune de ses pièces n'est ou n'a jamais été jouée telle qu'il l'a écrite ; et ce que la fosse a applaudi il y a trois cents ans, cinq fois sur dix, n'est pas de Shakespeare, mais de Cibber. (13)

Q : Aviez-vous une technique particulière pour faire venir votre muse à vous ?

R : Avec un ami, nous buvions de six heures à minuit une bouteille de champagne et six bouteilles de bordeaux :

J'écris ceci en titubant,

Ayant beaucoup bu aujourd'hui

Si bien que j'ai l'impression de me tenir au plafond. (14)

Lord Byron rit en prenant l'un des gobelets de l'autel et en faisant semblant de le siroter avec appétit.

Q : Votre satire "Childe Harold" a pris le monde d'assaut. Tom Moore, ton biographe, a écrit : "L'effet était électrique". Étiez-vous fou de joie lorsque vous avez appris la nouvelle ?

R : Je me suis réveillé un matin et je me suis retrouvé célèbre ! (15)

CHILDE HAROLD
Strophes #75 & #76
Les montagnes, les vagues et les cieux ne font-ils pas partie

De moi et de mon âme, comme moi d'eux ?

Leur amour n'est-il pas profondément ancré dans mon cœur

D'une passion pure ? Ne devrais-je pas condamner

Tous les objets, s'ils sont comparés à eux ? Et endiguer

Une marée de souffrances, plutôt que de renoncer

De tels sentiments pour le flegme dur et mondain

De ceux dont les yeux ne sont tournés que vers le bas,

Fixant le sol, avec des pensées qui n'osent pas briller ?

Mais ce n'est pas mon sujet, et je reviens

A ce qui est immédiat, et exige

Ceux qui trouvent la contemplation dans l'urne,

De regarder celui dont la poussière était autrefois tout feu tout flamme,

Un natif de la terre où je respire

L'air pur pour un temps - un invité de passage,

Où il est devenu un être, - dont le désir

C'était une quête insensée,

Laquelle pour gagner et garder, il a sacrifié le reste. (16)

Lorsqu'il a terminé, j'ai fouillé dans mon sac et j'ai bu une gorgée de ma bouteille d'Evian. Je lui ai offert un verre et il a examiné la bouteille en plastique avec une certaine curiosité. Je lui ai expliqué que le monde entier aimait acheter de l'eau en bouteille. En la repoussant vers moi, il a murmuré quelque chose à propos de la stupidité de l'homme dans le futur...

Q : Y a-t-il du vrai dans l'histoire selon laquelle tu croyais que John Keats était mort à cause d'une mauvaise critique dans "The Quarterly" ?

R : Shelley a écrit une élégie sur Keats, accusant "The Quarterly" de l'avoir tué :

Qui a tué John Keats ?
Moi, dit le Quarterly,
Si sauvage et si tartare ;
C'était un de mes exploits.
Qui a tiré la flèche ?
Le prêtre-poète Milman
(si prêt à tuer l'homme),
Ou Southey ou Barrow.

Tu sais très bien que je n'approuvais pas la poésie de Keats, ni ses principes de poésie. Son "Hypérion" est un beau monument et gardera son nom. Je n'envie pas l'homme qui a écrit l'article : "Les gens de la revue "The Quarterly" n'ont pas plus le droit de tuer que n'importe quel autre cale-pied. Cependant, celui qui mourrait d'un article dans une revue serait probablement mort d'autre chose tout aussi insignifiante. (17)

Q : Pourrais-tu me parler de ton amitié avec Percy Bysshe Shelley ?

R : C'était la personne de moins de trente ans la plus agréable à vivre que j'aie jamais connue. (18) Il était, à ma connaissance, le moins égoïste et le plus doux des hommes - un homme qui avait fait plus de sacrifices de sa fortune et de ses sentiments pour les autres que n'importe quel autre dont j'ai entendu parler. (19)

Q : Il y a deux légendes auxquelles on croit encore aujourd'hui à propos de M. Shelley. L'une concerne son cœur, l'autre ce qu'il avait dans sa poche lorsqu'il s'est noyé. Peux-tu confirmer ou infirmer ?

R : Nous avons brûlé les corps de Shelley et de Williams au bord de la mer, pour les rendre aptes à être enlevés et enterrés régulièrement. Vous n'imaginez pas l'effet extraordinaire d'un tel entassement funéraire sur un rivage désolé, avec les montagnes en arrière-plan et la mer devant, et l'aspect singulier que le sel et l'encens donnaient à la flamme. Tout Shelley a été consumé, sauf son cœur, qui n'a pas supporté la flamme, et que nous avons conservé dans de l'eau-de-vie de vin. Par ailleurs, ce n'est pas une Bible qui a été trouvée dans la poche de Shelley, mais les poèmes de John Keats. (20)

Q : Merci. J'apprécie votre franchise. Avez-vous choisi d'écrire, ou est-ce l'écriture qui vous a choisi ?

R : Qui écrirait s'il n'avait rien de mieux à faire ? Je pense que le grand tapage fait autour du gribouillage et des scribes, par eux-mêmes et par d'autres, est un signe d'efféminement, de dégénérescence et de faiblesse. (21)

J'ai écrit le "Pont d'Abydos" en quatre jours. J'ai écrit "Corsair" en dix jours. J'ai écrit "Lara" en me déshabillant après les bals et les mascarades. Je ne place en aucun cas la poésie ou les poètes en haut de l'échelle de l'imagination. La poésie est la lave de l'imagination, dont l'éruption empêche un tremblement de terre. Si j'avais vécu dix ans de plus, tu aurais vu que tout n'était pas fini pour moi, - je ne veux pas dire en littérature, car ce n'est rien, et, cela peut sembler assez étrange à dire, je ne pense pas que ce soit ma vocation. Mais tu aurais vu que j'ai fait quelque chose ou autre ! Hélas, j'étais poète par vocation et pirate par vocation ! (22)

Mais si c'était à refaire, - j'écrirais à nouveau, je suppose. Telle est la nature humaine, du moins la mienne - même si j'aurai une meilleure opinion de moi-même si j'avais eu le bon sens de m'arrêter maintenant. (23)

Q : Vous souvenez-vous d'un endroit dans le cimetière de l'église, sur la colline de Harrow, où se trouve une pierre tombale dont on dit qu'elle a été votre siège favori pour méditer et composer ?

Il acquiesce en reconnaissant l'endroit.

Il fallait le garder par une cage de fer contre tes fervents admirateurs, qui le détruisaient et emportaient des morceaux en souvenir de toi.

A : Une partie du temps passé là - a été le plus heureux de ma vie. (24)

Q : As-tu un conseil à donner aux futurs écrivains ?

R : Riez toujours quand vous le pouvez. C'est un remède bon marché. Je vous propose également de vivre selon les paroles de "Don Juan" :

Car les mots sont des choses, et une petite goutte d'encre

Tombant comme la rosée, sur une pensée produit

Ce qui fait réfléchir des milliers, voire des millions de personnes. (25)

Q : Croyez-vous que l'absence rend le cœur plus tendre ?

R : J'ai réfléchi aux misères de la séparation, au fait que - oh combien rarement nous voyons ceux que nous aimons ! Pourtant, nous vivons des âges dans les moments où nous nous rencontrons. La seule chose qui m'a consolé pendant l'absence était la réflexion qu'aucun éloignement mental ou personnel, dû à l'ennui ou à un désaccord, ne pouvait avoir lieu ; et lorsque les gens se rencontraient dans l'au-delà, même si de nombreux changements avaient eu lieu entre-temps, toujours, à moins qu'ils ne soient fatigués l'un de l'autre, ils étaient prêts à se réunir, et ne se blâmaient pas l'un l'autre pour les circonstances qui les avaient séparés. (26)

Q : Tu as tenu un journal pendant de nombreuses années. Est-ce quelque chose que tu recommanderais aux autres écrivains ?

R : J'ai été obligé d'écrire un journal, ce qui m'a empêché d'écrire des vers, du moins de les garder. Je jetais souvent des poèmes dans le feu (qui était rallumé à mon grand confort), puis je fumais hors de ma tête le plan d'un autre. (27)

Q : La vie est-elle trop courte ?

R : Quand on soustrait de la vie l'enfance (qui est la végétation), -le sommeil, le repas et la boisson, le boutonnage et le déboutonnage-, combien reste-t-il de l'existence pure et simple ? L'été d'un loir. (28)

Q : Quelle est la forme d'écriture que tu préfères le moins ?

R : J'ai écrit une fois deux sonnets. Je n'avais jamais écrit qu'un seul sonnet auparavant, et ce n'était pas sérieusement, et il y a de nombreuses années, à titre d'exercice - et j'ai alors décidé que je n'en écrirais jamais plus. C'étaient les compositions les plus pulpeuses, les plus pétrifiantes, les plus stupidement platoniques. Je détestais tellement Pétrarque que je ne serais même pas l'homme qui aurait obtenu sa "Laura", ce que ce métaphysicien, ce pleurnichard n'a jamais pu faire. (29)

Madame Delatour a passé la tête au coin de la rue, montrant anxieusement sa montre et nous demandant de sortir. J'espérais que Lord Byron lirait un autre poème, mais j'étais curieuse de savoir qui ou quoi nous attendait à l'extérieur.

Finalement, la curiosité l'a emporté et nous nous sommes aventurés à l'extérieur du presbytère. Lord Byron attendait un grand cheval noir dont la crinière flottait comme une écharpe dans le vent. Lord Byron a salué le cheval et lui a sauté sur le dos. Il nous a remerciés de l'avoir réuni avec son "véritable amour" et lui a tapoté les flancs avec ferveur.

Q : S'il te plaît, ne pars pas encore. Il reste encore assez de temps pour que tu récites : "She Walks In Beauty" (Elle marche dans la beauté).

R : Mesdames, je vais effectivement réciter le poème que vous avez choisi, mais en l'honneur de ce bel ami qui est le mien.

Lord Byron a étreint la crinière de corbeau de son véritable amour. Elle a répondu par un "hennissement" alors qu'il chuchotait :

ELLE MARCHE EN BEAUTÉ
Elle marche en beauté, comme la nuit
Des climats sans nuages et des cieux étoilés ;
Et tout ce qu'il y a de meilleur dans l'obscurité et la lumière
Se rencontrent dans son aspect et ses yeux :
Ainsi adoucie à cette tendre lumière
Que le ciel refuse aux jours brillants.
Une ombre de plus, un rayon de moins,
avait à moitié altéré la grâce sans nom
Qui ondule dans chaque tresse de corbeau,
Ou qui éclaire doucement son visage ;
Où les pensées sereinement douces expriment
Comme elles sont pures, comme elles sont chères.
Et sur cette joue, et sur ce front,
Si doux, si calme, mais éloquent,

Les sourires qui gagnent, les teintes qui brillent,
Mais racontent des jours passés dans la bonté,
Un esprit en paix avec tout ce qui est en bas,
Un cœur dont l'amour est innocent ! (30)

Lorsqu'il a dit la dernière phrase, il a donné un coup de pied dans les flancs de son cheval et ils sont partis sous le soleil de midi. On pouvait entendre les sabots, le claquement des pinces et Lord Byron chanter quelque chose, alors qu'ils disparaissaient à jamais de la terre.

Pour en savoir plus sur les œuvres de Lord Byron, je te conseille de consulter les ouvrages suivants :

Childe Harold Pèlerinage

Don Juan

Prométhée

J'aimerais être un enfant insouciant

Tout pour l'amour

Oh ! Enlevée dans l'éclosion de la beauté

Adieu, bonjour

Ce jour-là, j'achève ma trente-sixième année !

La tombe de Churchill

Lignes à l'annonce de la maladie de Lady Byron

La floraison de la beauté

Nous n'irons plus en voyage

Mon âme est sombre

Ténèbres

Strophes pour la musique

Le prisonnier de Chillon

Un esprit est passé devant moi

Solitude

Il n'y a pas de joie que le monde puisse donner

La destruction de Sennacherib

Lignes inscrites sur une coupe formée à partir d'un crâne

À Thomas Moore

Lignes écrites sous un orme dans le cimetière de Harrow.

J'espère que l'interview de Lord Byron valait bien la peine d'être attendue.

Wes gesund !

Cathy McGough

Ton intervieweuse des écrivains légendaires de l'au-delà

LE DÉBUT AVEC BAUDELAIRE

Lorsque Madame Delatour et moi nous sommes rencontrés pour la première fois, l'apparition inattendue de Charles Baudelaire a été un véritable choc. Sceptique dans l'âme, j'ai examiné les lieux à la recherche de toutes les supercheries imaginables. J'ai fait le tour de Monsieur Baudelaire et je lui ai même serré la main pour m'assurer qu'il était bien réel puisqu'il était apparu de nulle part. Je me suis demandé s'il n'était pas un acteur qui jouait un rôle, mais je me suis vite rendu compte que ce n'était pas le cas. Car oui, c'était bien le seul et unique Charles Baudelaire, né à Paris, en France, le 9 avril 1821.

Après notre rencontre, Madame Delatour m'a expliqué plus en détail son "cadeau". Heureusement pour nous, Madame Delatour avait commencé à transporter un petit magnétophone dans son sac à main pour enregistrer toutes les rencontres qu'elle faisait. À mon insu, lorsque Monsieur Baudelaire a fait son apparition, elle a fouillé dans son sac à main et a activé le magnétophone.

Mon cher lecteur, tu peux suggérer que nous avons réalisé cet enregistrement illégalement en portant atteinte aux droits de Monsieur Baudelaire puisqu'il ne nous a pas donné la permission d'enregistrer sa voix.

Madame Delatour pensait que perdre un temps crucial, mais limité, à expliquer ce qu'était un magnétophone à M. Baudelaire - aurait été impossible.

Au moment de l'enregistrement, je n'étais pas au courant de l'existence de l'appareil d'enregistrement, mais je soutiens entièrement la décision de Madame Delatour. D'ailleurs, tu dois te rappeler que Monsieur Baudelaire est mort. (Qu'il repose en paix.)

Pour les besoins de cette reconstitution, j'utiliserai aujourd'hui les bandes de Madame Delatour. Madame Delatour connaissait bien les œuvres de Monsieur Baudelaire puisqu'il est incontestablement l'un des poètes français les plus influents de tous les temps. Moi aussi, je connaissais certaines de ses œuvres, mais pas toutes, dont la plus célèbre est "Les Fleurs du Mal", publiée en 1857. Toutes les personnes impliquées - auteur, éditeur et imprimeur - ont été poursuivies et jugées coupables d'obscénité et de blasphème. Six poèmes ont été supprimés du livre. (1)

Cependant, aujourd'hui, "Les Fleurs du Mal" est l'un des livres les plus fréquemment édités dans le monde de la littérature. Il a été traduit dans de nombreuses langues et est lu dans le monde entier.

En attendant, quoi de mieux que la lecture pour passer le temps :

BEAUTÉ

Je suis aussi belle, ô mortels ! Comme un rêve de pierre,

Et mon sein, sur lequel chaque homme est blessé à son tour,

Est fait pour inspirer au poète un amour

Aussi éternel et muet que la matière.

Je préside dans les cieux comme un sphinx incompris ;

J'unis un cœur de neige à la blancheur des cygnes ;

Je déteste tout mouvement, qui déplace les lignes,

Et je ne pleure ni ne ris jamais.

Les poètes devant mes grandes poses,

Que je semble emprunter aux monuments les plus fiers,

Consacreront leurs jours à d'austères études ;

Car j'ai, pour fasciner ces amants dociles,

De purs miroirs qui rendent toutes choses plus belles ;

Mes yeux, mes grands yeux à la lumière éternelle ! (2)

Monsieur Charles Baudelaire est arrivé vêtu de noir. On aurait pu facilement le prendre pour un croque-mort (ou un cadavre). Ses yeux révélaient le cœur d'un homme qui avait vécu une vie difficile et souvent solitaire. Monsieur Baudelaire semblait savoir immédiatement que c'était Madame Delatour qui l'avait convoqué à la Tour Eiffel et il s'est dirigé vers nous avec un sentiment de familiarité.

Q : Que pensez-vous de la critique ?

R : Je crois sincèrement que la meilleure critique est celle qui est amusante et poétique ; non pas celle, froide et mathématique, qui, sous prétexte de tout expliquer, ne montre ni haine ni amour, et se débarrasse volontairement de toute trace de sentiment ; mais plutôt - puisqu'un beau tableau est la nature vue par un artiste - cette critique qui est le tableau vu par un esprit sensible et intelligent. Par conséquent, le meilleur article sur la peinture pourrait être un sonnet ou une élégie. Mais ce genre de critique est destiné aux anthologies de poésie et aux lecteurs de poésie.

Monsieur Baudelaire a hésité, nous a regardés brièvement, puis a poursuivi avec :

Mes compliments à vous deux jeunes filles concernant votre maquillage. Le rouge et le noir symbolisent la vie. Les lignes noires donnent de la profondeur et de l'étrangeté à vos expressions, et à vos yeux elles donnent l'aspect plus spécifique d'une fenêtre ouverte sur l'infini ; le rouge, qui colore vos pommettes hautes, augmente encore la lumière de vos globes oculaires et ajoute au beau visage d'une femme la passion mystérieuse de la prêtresse. (3)

Q : Madame Delatour et moi avons rougi et gloussé comme de jeunes écolières en interrogeant Monsieur Baudelaire sur l'importance du rire.

R : Le rire des enfants est comme l'éclosion d'une fleur. C'est la joie de recevoir, la joie de respirer, la joie de s'épanouir, la joie de contempler, de vivre, de grandir. C'est la joie d'une plante. En général, c'est plutôt un sourire, quelque chose d'analogue à l'agitation de la queue des chiens ou au ronronnement des chats. Et pourtant, remarque bien que si le rire des enfants diffère encore des expressions du contentement animal, c'est parce que ce rire n'est pas complètement dépourvu d'ambition. (4)

Q : Monsieur Baudelaire, pourriez-vous nous lire une de vos histoires ?

R : Je vous propose une histoire avec une morale. L'histoire de :

LE JOUET DU PAUVRE

Je veux transmettre l'idée d'un divertissement innocent. Il y a si peu de passe-temps qui ne soient pas blâmables. Lorsque tu sors de chez toi le matin, avec la ferme intention de te promener dans les rues principales, remplis tes poches de ces petites inventions peu coûteuses, telles que le cric à sauter plat manipulé par une simple ficelle, les forgerons frappant l'enclume, le cavalier avec un cheval dont la queue est un sifflet, - et offre-les aux enfants négligés et pauvres que tu rencontres devant les restaurants où ils se tiennent debout près d'un arbre. Tu verras leurs yeux s'agrandir démesurément. Au début, ils n'oseront rien prendre. Ils ne croiront pas en leur chance. Puis leurs mains saisiront avidement le cadeau, et ils s'enfuiront comme des chats qui s'éloignent de toi pour manger le morceau de nourriture que tu leur as donné. Ces enfants ont appris à se méfier de l'homme.

Sur une route, derrière la grille de fer d'un grand jardin au bout duquel on apercevait la blancheur d'un joli château éclairé par le soleil, il y avait un bel enfant au front frais, vêtu de ces habits de campagne qui ont tant de fastidieux.

Le luxe, l'absence de soins et l'étalage habituel de la richesse rendent ces enfants si charmants qu'on pourrait les croire faits d'une autre substance que les enfants d'une classe peu distinguée ou pauvre.

À côté de lui, sur l'herbe, gisait un magnifique jouet, aussi beau que son maître, verni, doré, vêtu d'une robe pourpre, et couvert de panaches et de perles. Mais l'enfant ne prêtait aucune attention à son jouet préféré. Voici ce qu'il regardait.

De l'autre côté de la grille de fer, sur la route, au milieu des chardons et des orties, il y avait un autre enfant, sale, frêle, couvert de suie, un de ces enfants-épaves dont un œil impartial pourrait découvrir la beauté si, comme l'œil d'un connaisseur devine l'idéal d'une peinture sous un vernis corporel, il nettoyait l'enfant de la patine repoussante de la pauvreté.

À travers les barreaux symboliques séparant deux mondes, la grande route et le château, l'enfant pauvre montrait son propre jouet à l'enfant riche qui l'examinait avec avidité comme s'il s'agissait d'un objet rare et étrange. Or, ce jouet, que le petit ragamuffin irritait en secouant de droite à gauche une boîte en fil de fer, était un rat vivant ! Ses parents, par souci d'économie sans doute, avaient tiré ce jouet de la vie elle-même.Tandis que les deux enfants riaient fraternellement l'un de l'autre, ils montraient des dents d'une blancheur semblable. (5)

Madame Delatour et moi avions le souffle court car les larmes coulaient sur nos joues. Monsieur Baudelaire, ému par notre débauche d'émotions, se mit à réciter un poème :

L'ALBATROSS

Souvent, pour s'amuser, les hommes d'équipage
Attrapent des albatros, immenses oiseaux de mer,
Qui suivent, compagnons indolents du voyage,
Le navire glissant sur les profondeurs salées.
Dès qu'ils les ont déposés sur le pont,
Ces rois du ciel, maladroits et honteux,

Laissent piteusement leurs grandes ailes blanches
Traîner à leurs côtés comme des rames.
Ce voyageur ailé, qu'il est gauche et faible !
Autrefois si beau, qu'il est comique et laid !
Un marin lui irrite le bec avec un pipeau,
Et mime, en boitant, l'invalide qui volait autrefois !
Le poète est comme le prince des nuages,
Qui hante la tempête et se moque de l'archer ;
Exilé sur la terre au milieu de la dérision,
Ses ailes de géant l'empêchent de marcher. (6)

Madame Delatour a réussi à se ressaisir, mais tout ce que j'imaginais, c'était cet albatros solitaire avec ma tête sur son corps.

Q : Aimiez-vous l'art dramatique et plus particulièrement le théâtre ?

R : Dans mon enfance et encore aujourd'hui, la plus belle chose que je trouve dans un théâtre, c'est le lustre - un bel objet cristallin lumineux, compliqué, circulaire et symétrique. En effet, le lustre m'a toujours semblé être l'acteur principal, qu'il soit vu par le grand bout ou par le petit bout des verres d'opéra. (7)

Q : Tu as adoré les œuvres d'Edgar Allan Poe. Peux-tu expliquer ce qui t'a intrigué dans son écriture ?

R : Chez Poe, la partie introductive de chaque pièce est attrayante sans violence, comme un tourbillon. Sa solennité surprend et maintient l'esprit du lecteur en éveil. Dès le début, tu sens qu'il s'agit de quelque chose de grave. Et lentement, progressivement, se déroule une histoire dont l'intérêt dépend d'une imperceptible déviation de l'intellect, d'une hypothèse audacieuse, d'un imprudent dosage de la Nature dans l'amalgame des facultés. Le lecteur, tenu par le vertige, est obligé de suivre l'écrivain dans sa fascinante déduction. (8)

Il est regrettable que la bande s'arrête ici. Je me souviens que Monsieur Baudelaire s'est agrippé à l'estomac, qu'il s'est momentanément penché en avant, puis qu'il est devenu translucide.

Le retour d'où il venait semblait être un processus douloureux, auquel il résistait manifestement. Monsieur Baudelaire avait des affaires à régler.

Il se dirigea vers le bord de la Tour Eiffel jusqu'à ce que le vent soulève ses pieds du sol. Il fut transporté ainsi, par-dessus le rebord de la tour et dans les nuages. Il pirouetta, regardant autour de lui tout en envoyant à Paris une série de baisers passionnés. Puis il a disparu.

Quand je repense à ce moment, je jure que j'ai vu les baisers prendre forme, flotter du haut de la Tour, de plus en plus bas, jusqu'à ce que la brise les ramasse et les emporte en aval de la Seine, au milieu de la foule, vers on ne sait où.

En descendant, Madame Delatour et moi avons pris l'ascenseur. Ce fut la première d'une longue série de rencontres avec des écrivains légendaires de l'au-delà.

Il faut absolument que tu lises les œuvres de Charles Baudelaire. Tu ne le regretteras pas ! Je m'en tiens à ce qui suit :
Salon 1845/1946
Vénus noire
Les fleurs du mal
Carrion
Au lecteur
Chats
Couvert
Vénus blanche
Vénus aux yeux verts
Paradis artificiels
Spleen de Paris
Élévation
Consécration
Lumière d'orientation
Même quand elle marche
Le vin des amoureux.

Au Revoir Mon Ami !
Cathy McGough
Ton intervieweuse des écrivains légendaires de l'au-delà

LA CONCLUSION - NON

J'AI LE REGRET DE vous informer que nos "Entretiens avec des écrivains légendaires de l'au-delà" sont maintenant terminés.

À ceux d'entre vous qui ont soutenu ce livre depuis le début et qui en ont lu des extraits lorsqu'il se présentait sous la forme d'une chronique, j'aimerais m'adresser directement.

Vous avez été nombreux à nous écrire, nous appeler, nous envoyer des courriels et des télécopies pour nous demander pourquoi aucune femme écrivain n'a été incluse dans ce livre.

Avant d'aller plus loin, laissez-moi vous assurer, chers lecteurs, que j'ai essayé.

En raison de la nature plutôt flirteuse de Madame Delatour (sans parler de son statut de célibataire), elle avait une très forte tendance à contacter les écrivains légendaires masculins de l'au-delà.

Puisqu'elle était à la place du conducteur (pour ainsi dire), j'ai accepté, un peu à contrecœur - en espérant pouvoir un jour la faire changer d'avis. Malheureusement, quoi que je dise ou fasse, Madame ne voulait pas bouger d'un pouce.

Actuellement, Madame Delatour est en grève et est à la recherche d'un organisme officiel pour négocier ses conditions, c'est-à-dire le syndicat des médiums/psychologues. Jusqu'à présent, rien de tel n'existe, mais j'ai l'impression qu'elle pourrait en créer un si je n'accepte pas ses conditions.

Quelles sont ses conditions, demandes-tu ? De l'argent, purement et simplement. Madame Delatour voit des médiums qui sont loin de posséder les pouvoirs qu'elle possède. Pourtant, ils gagnent des millions de dollars chaque jour à la télévision. Madame Delatour aimerait avoir sa part du gâteau.

Je te rappelle qu'en tant qu'intervieweuse, je ne reçois aucune compensation. Je le fais uniquement pour l'amour des écrivains que nous pouvons contacter et interviewer. Je me contenterai de dire que Madame Delatour et moi trouverons une solution et que nous ferons alors peut-être une autre interview (ou deux !).

Merci de participer à nos interviews !

TTFN !
Cathy McGough (ÉCRIT EN 2004)

Ton intervieweuse des écrivains légendaires de l'au-delà

Ton intervieweuse des écrivains légendaires de l'au-delà

UNE NOUVELLE INTERVIEW DE VOLTAIRE EN 2006

CE MATIN, EN ME réveillant, j'ai découvert que les Entretiens avec des écrivains légendaires de l'au-delà n'étaient pas une affaire réglée. Il suffit de dire que Madame Delatour et moi avons trouvé une solution après avoir lu le poème suivant, écrit par François-Marie Arouet de Voltaire après le tremblement de terre dévastateur qui a frappé Lisbonne le jour de la Toussaint 1755, et qui a coûté la vie à 30 000 personnes en seulement six minutes.

Madame Delatour, après avoir expliqué la récente catastrophe du tsunami, a accepté une interview.

En attendant son arrivée, laisse-moi te parler de François-Marie Arouet de Voltaire qui est né le 21 novembre 1694 à Paris, en France. Monsieur Voltaire était un satiriste qui luttait contre l'establishment en utilisant sa plume comme arme. Son œuvre la plus célèbre a été écrite en 1759, "Candide", et est encore jouée aujourd'hui en direct dans les théâtres du monde entier.

Voltaire a vécu jusqu'à 84 ans (il est mort à Paris le 30 mai 1778) et il a été le chef de file du siècle des Lumières. Il n'a jamais cessé d'écrire, jusqu'à la fin, et a laissé derrière lui plus de 14 000 lettres et plus de deux mille livres et pamphlets. (1)

Madame Delatour m'informa que Monsieur Voltaire était en route. J'attendais son arrivée avec beaucoup d'impatience.

Quelques instants plus tard, lorsqu'il s'est avancé vers moi, j'ai été frappé instantanément par sa petite taille. Il portait un manteau rouge doublé d'hermine blanche, des bas blancs et des bottes noires à boucles d'argent. Son trait le plus remarquable était le sourire avec lequel il m'a salué. Il m'a ensuite serré dans ses bras, comme si nous étions de vieux amis, et a rapidement commencé sa récitation :

SUR LE DÉSASTRE DE LISBONNE
(Ou un examen de l'axiome "Tout va bien")

Malheureux mortels ! Terre sombre et en deuil !

Rassemblement effrayé de l'humanité !

Éternelle persistance d'une douleur inutile !

Venez, philosophes, qui criez : "Tout va bien".

Et contemplez cette ruine d'un monde.

Voyez ces lambeaux et ces cendres de votre race,

Cet enfant et cette mère entassés dans une épave commune,

Ces membres éparpillés sous les tiges de marbre...

Cent mille que la terre dévore,

Qui, déchirés et sanglants, palpitent encore,

Entombés sous leurs toits hospitaliers,

Dans un tourment déchirant finissent leurs vies frappées.

À ces murmures de détresse qui expirent,

À ce spectacle effroyable de malheur,

Répondrez-vous : "Vous ne faites qu'illustrer

Les lois de fer qui enchaînent la volonté de Dieu" ?

Dites-vous, sur cette masse de chair encore frémissante :

"Dieu est vengé : le salaire du péché est la mort" ?

Quel crime, quel péché, ces jeunes cœurs ont-ils conçu ?

Qui gisent, saignants et déchirés, sur le sein de leur mère ?

La Lisbonne déchue s'est-elle abreuvée plus profondément du vice

Que Londres, Paris ou Madrid ensoleillée ?

Dans ces villes, les hommes dansent ; à Lisbonne, l'abîme bâille.

Spectateurs tranquilles du naufrage de vos frères,

Insensibles à cette danse répugnante de la mort,

Qui cherchent calmement la raison de ces tempêtes,

Qu'elles ne fassent que fouetter votre propre sécurité ;

Vos larmes se mêleront librement au flot.

Quand la terre montre ses horribles mâchoires entrouvertes,

Ma plainte est innocente, mes cris sont justes.

Entouré par de telles cruautés du destin,

Par la rage du mal et par les pièges de la mort,

Face à la férocité des éléments,

Partageant nos malheurs, pardonne-moi ma complainte.

"C'est de l'orgueil, dites-vous, l'orgueil d'un coeur rebelle,

De penser que nous pourrions nous en sortir mieux que nous ne le faisons."

Allez, dites-le aux rives sinistrées du Tage ;

Cherchez dans les ruines de ce choc sanglant ;

Demande aux mourants dans cette maison de deuil,

Si c'est l'orgueil qui appelle le ciel à l'aide

Et la pitié pour les souffrances des hommes.

"Tout va bien", dites-vous, "et tout est nécessaire".

Pensez que cet univers aurait été pire

Sans ce gouffre infernal au Portugal ?

Êtes-vous si sûrs de la grande cause éternelle,

Qui connaît toutes choses, et pour elle-même crée,

N'aurait pas pu nous placer dans ce climat lugubre

Sans que des volcans bouillonnent sous nos pieds ?

Fixez-vous cette limite au pouvoir suprême ?

Lui interdirais-tu d'user de sa clémence ?

Il prend un moment pour reprendre son souffle, puis boit une gorgée d'eau avant de poursuivre :

Dans les moments difficiles de notre vie douloureuse

La main du plaisir essuie nos larmes ;

Mais le plaisir passe comme une ombre fugace,

Et laisse un héritage de douleur et de perte.

Le passé n'est pour nous qu'un regret affectueux,

Le présent est sinistre, à moins que l'avenir ne soit clair.

Si la pensée doit se terminer dans l'obscurité de la tombe,

Tout ira bien un jour, c'est ce que nous espérons.

Tout va bien maintenant, n'est qu'un rêve futile.
Les sages me trompent : Dieu seul a raison.
En soupirant humblement, je me soumets à ma
douleur,
Je ne me jette pas contre la Providence.
Jadis, j'ai chanté, sur un ton moins lugubre,
Les voies ensoleillées de la règle géniale du
plaisir ;
Les temps ont changé, et, enseigné par l'âge,
Et le partage de la fragilité de l'humanité,
Cherchant une lumière au milieu des ténèbres
qui s'épaississent
Je ne peux que souffrir et je ne me repentirai
pas.
Un calife, une fois sa dernière heure venue,
Il révéra cette prière qui lui était adressée :
"A toi, roi unique et tout-puissant, j'apporte
Ce qui te manque dans ton immensité...
Le mal et l'ignorance, la détresse et le péché."
Il aurait pu ajouter une chose : l'espoir. (2)
Voltaire et moi avons pleuré ensemble ceux qui
étaient perdus et gardé un moment de silence,
puis notre entretien a commencé.

Q : As-tu aimé l'école ?

R : J'y ai appris le latin et les bêtises. Je n'étais
pas comme les autres garçons en ce sens que je
ne participais pas aux activités. Les pères jésuites
du collège Louis-le-Grand ont essayé à plusieurs
reprises de me convaincre. Je leur disais : chacun

doit sauter à sa manière. Ils m'ont vite laissé tranquille. (3)

Q : C'est à cette époque que tu as commencé à écrire ?

R : J'ai écrit quelques vers à l'époque, des vers qui étaient suffisamment prometteurs et originaux pour attirer l'attention de mon professeur. L'un d'eux en particulier, qui me détestait énormément, m'a dit : "Sorcière, tu seras un jour le porte-drapeau du déisme en France." Cette appréciation n'a pas arrangé mon manque de popularité dans la cour de récréation. (4)

Q : Tu as étudié le droit de 1711 à 13, puis tu as travaillé comme secrétaire de l'ambassadeur de Hollande avant de décider de consacrer ta vie à l'écriture ?

R : Ah, une décision que je n'ai jamais regrettée. Hélas, j'ai été arrêté en 1717, injustement d'ailleurs, et envoyé à la Bastille. C'est déjà assez pénible d'être arrêté et emprisonné - mais pour un crime que je n'ai pas commis ! J'ai mis ce temps à profit en écrivant ma première pièce de théâtre : "Oedipe". J'ai changé mon nom en Voltaire.

Lorsque onze mois plus tard, j'ai été libéré de prison, cette première pièce a reçu des critiques élogieuses lors de sa mise en scène, ce qui prouve que le travail peut nous sauver de trois grands maux : l'ennui, le vice et le besoin. (5)

Q : Dites-moi ce que c'était que d'écrire avec la censure assise comme un vautour sur votre épaule ?

R : En 1723, un édit stipulait : "Aucun éditeur ou autre ne peut imprimer ou réimprimer, où que ce soit dans le royaume, aucun livre sans en avoir obtenu la permission au préalable par des lettres scellées du grand sceau." Les censeurs officiels devaient attester que le livre ne contenait rien de contraire à la religion, à l'ordre public ou à la saine morale. Les livres jugés illégaux étaient brûlés ; l'écrivain et l'imprimeur étaient envoyés en prison.

Puis, en 1757, une tentative d'assassinat est perpétrée contre Louis XV. Le chaos s'ensuit et avec lui un nouvel édit : "la mort a été décrétée pour tous ceux qui seront convaincus d'avoir écrit ou imprimé des ouvrages destinés à attaquer la religion, à attenter à l'autorité royale, ou à troubler l'ordre et la tranquillité du royaume." En 1764, les livres, les pamphlets et même les Préfaces, étaient passés au crible. (6)

Q : Comment viviez-vous, sachant que vous pouviez être pris à tout moment ?

R : Je vivais pour m'échapper. Il ne se passait pas un instant sans que je pense à la façon dont je m'enfuirais, à ce que je ferais si j'apprenais qu'ils me recherchaient. La plupart du temps, j'écrivais de façon anonyme.

Q : Pourtant, ils savaient que c'était toi ?

R : Savoir est une chose, prouver en est une autre ! La vente de mon travail était interdite ; pourtant, mon travail était très demandé. Avec d'autres écrivains, j'ai envoyé des œuvres à Amsterdam, La Haye et Genève pour qu'elles soient imprimées. Elles étaient ensuite introduites clandestinement en France et recherchées. D'où cette lettre que j'ai écrite aux fonctionnaires en juin 1733 :

Puisqu'il est en votre pouvoir, monsieur, de rendre service aux lettres, je vous supplie de ne pas couper les ailes de nos écrivains de si près, ni de transformer en volailles de grange ceux qui, si on leur donnait un coup de pouce, pourraient devenir des aigles ; une liberté raisonnable permet à l'esprit de s'élever ! (7)

Q : Quand as-tu écrit tes Lettres philosophiques ?

R : Après avoir été exilé, j'ai réussi à ne pas avoir d'ennuis pendant trois ans et j'ai écrit des essais sur la poésie épique et les guerres civiles en France, qui ont été publiés en 1727. De retour en France, j'ai écrit des pièces de théâtre, de la poésie, des traités scientifiques et je suis devenu historiographe royal.

Mes "Lettres philosophiques" - dans lesquelles je compare le système de gouvernement français au système anglais, me mettent à nouveau dans l'eau chaude. Mon livre a été interdit en France et j'ai dû m'enfuir. Il est devenu un best-seller en Angleterre. (8)

Q : Shakespeare ne t'a pas impressionné ?

R : Shakespeare se targuait d'avoir un génie puissant et fécond. Il était naturel et sublime, mais il n'avait pas la moindre étincelle de bon goût et ne connaissait pas la moindre règle de l'art dramatique. Je vais maintenant me risquer à une réflexion aléatoire, mais en même temps vraie, à savoir que le grand mérite de ce poète dramatique a été la ruine de la scène anglaise. Il y a dans les farces monstrueuses de cet écrivain, auxquelles on donne le nom de tragédie, des scènes si belles, si nobles, si épouvantables, qu'elles ont toujours été représentées avec un grand succès.

Le temps, qui seul donne de la réputation aux écrivains, rend enfin vénérables leurs défauts mêmes. La plupart des images fantaisistes et gigantesques de ce poète ont, avec le temps, acquis le droit de passer pour sublimes. La plupart des auteurs dramatiques modernes l'ont copié : mais les touches et les descriptions qui sont applaudies chez Shakespeare sont sifflées chez ces auteurs ; et tu croiras facilement que la vénération dans laquelle cet auteur est tenu augmente en proportion du mépris qui est montré aux modernes. Les auteurs dramatiques ne considèrent pas qu'ils ne doivent pas l'imiter ; et le mauvais succès des imitateurs de Shakespeare ne produit d'autre effet que de le faire considérer comme inimitable.

Les monstres brillants de Shakespeare ont infiniment plus de plaisir que les images judicieuses des modernes. Jusqu'à présent, le génie poétique des Anglais ressemble à un arbre touffu planté par la main de la nature, qui jette mille branches au hasard, et s'étend également, mais avec une grande vigueur. Il meurt si vous essayez de forcer sa nature, de l'élaguer et de l'habiller de la même manière que les arbres du jardin de Marli. (9)

Q : Un problème de traduction peut-être ?

R : On ne rit pas en lisant une traduction. Si tu as envie de comprendre la comédie anglaise, la seule façon d'y parvenir sera pour toi d'aller en Angleterre, de passer trois ans à Londres, de te rendre maître de la langue anglaise et de fréquenter la playhouse tous les soirs. Je n'éprouve que peu de plaisir à lire Aristophane et Plaute, et cela parce que je ne suis ni grec ni romain. La finesse de l'humour, l'allusion, l'à-propos - tout cela est perdu pour un étranger.

Rien n'est plus facile que d'exposer en prose toutes les impertinences idiotes qu'un poète peut avoir jetées ; mais c'est une tâche très difficile que de traduire ses beaux vers. (10)

Q : Quel rôle joue l'imagination dans l'écriture de la poésie ?

R : En poésie, c'est surtout l'imagination des détails et de l'expression qui doit prévaloir. Elle est toujours agréable, mais là, elle est nécessaire.

Chez Homère, Virgile et Horace, presque tout est imagé, sans même que le lecteur le perçoive. La tragédie exige moins d'images, moins d'expressions pittoresques et de métaphores et allégories sublimes que le poème épique et l'ode ; mais la plus grande partie de ces beautés, sous une gestion discrète et habile, produit un effet admirable dans la tragédie ; elles ne devraient cependant jamais être forcées, guindées ou gigantesques.

L'imagination active, qui constitue les poètes, leur confère l'enthousiasme, selon le vrai sens du mot grec, cette émotion interne qui, en réalité, agite l'esprit et transforme l'auteur en le personnage qu'il présente comme l'orateur ; car tel est le véritable enthousiasme, qui consiste dans l'émotion et l'imagerie. Un auteur sous cette influence dit précisément ce que dirait le personnage qu'il présente.

L'éloquence admet moins d'imagination que la poésie. La raison en est évidente : le discours ordinaire doit être moins éloigné des idées communes. L'orateur parle le langage de tous ; le fondement de la performance du poète est la fiction. En conséquence, l'imagination est l'essence de son art ; pour l'orateur, elle n'est qu'un accessoire. (11)

Q : Monsieur Voltaire, notre temps touche rapidement à sa fin. Avez-vous pensé à d'autres conseils que vous aimeriez transmettre aux écrivains à l'avenir ?

R : Dois-je vous donner une petite règle infaillible pour les vers ? La voici . Quand une pensée est juste et noble, il reste encore quelque chose à en faire : vois si la façon dont tu l'as exprimée en vers serait efficace en prose : et si ton vers, sans le balancement de la rime, te semble avoir un mot de trop - s'il y a le moindre défaut dans la construction - si une conjonction est oubliée - si, en bref, le mot juste n'est pas employé, ou pas employé au bon endroit, tu dois alors conclure que le joyau de ta pensée n'est pas bien serti. Sois bien sûr que les vers qui présentent l'un ou l'autre de ces défauts ne seront jamais appris par cœur, ni jamais relus : et les seuls bons vers sont ceux que l'on lit et que l'on retient, malgré soi. Il y en a beaucoup de ce genre dans ton "Epître" - des vers que personne d'autre de ma génération ne pourrait écrire à ton âge tels qu'ils ont été écrits il y a cinquante ans. (12)

Q : Un conseil pour l'homme en général ?

R : Mettez deux hommes sur le globe, et ils n'appelleront bon, droit, juste, que ce qui sera bon pour eux deux. Mettez-en quatre, et ils ne considéreront comme vertueux que ce qui leur convient à tous : et si l'un des quatre mange le repas de son voisin, ou se bat avec lui ou le tue, il ne manquera pas de soulever les autres contre lui. Et ce qui est vrai de ces quatre hommes l'est aussi de l'univers. (13)

Enseignez donc les hommes, ne persécutez pas les hommes : car, pendant que quelques humbugs moralisateurs brûlent quelques fanatiques, la terre s'ouvre et engloutit tous les semblables. (14)

C'est ainsi que Monsieur Voltaire a été englouti et est revenu d'où il était venu. J'ai considéré l'état du monde d'aujourd'hui et, attristé par notre manque de progrès, j'ai lu le poème suivant à haute voix :

DE L'AMOUR À L'AMITIÉ
Si tu veux que j'aime encore une fois,
L'âge bienheureux de l'amour, restaure-le ;
Des joies gratuites du vin et des soucis des amoureux,
Le temps implacable qui n'épargne personne,
Me pousse à me retirer rapidement,
Et de ne plus aspirer à une telle félicité.
D'une telle austérité exacte,
Si nous le pouvons, extrayons-en quelque chose de bon ;
Dont la façon de penser de cet âge

Ne convient pas à cet âge, ne peut jamais être considéré comme un sage.

Que la jeunesse vive ses folies gaies,

Que ses folies s'affichent aimablement ;

La vie se limite à deux moments,

Laissons l'un d'eux à la sagesse.

Douces illusions de mon esprit,

Toujours à ma passion dominante, bienveillante,

Qui ont toujours apporté un soulagement certain

Au compagnon le plus fidèle de la vie, le chagrin.

Allez-vous à jamais vous éloigner de moi ?

Et dois-je mourir sans joie et sans amis ?

Aucun mortel n'abandonne jamais son souffle

Je vois, sans une double mort ;

Qui aime et n'est plus aimé,

Son sort infortuné peut bien être déploré ;

La perte de la vie peut être facilement supportée,

La perte de la vie peut être facilement supportée, L'homme privé d'amour est abandonné.

C'est ainsi que j'ai déploré ces plaisirs,

Dont je me suis si souvent repenti dans ma jeunesse ;

Mon âme est remplie de doux désirs,

Regrettait à l'envi le feu de la jeunesse.

Mais l'amitié, jeune fille céleste,

Descendit du ciel pour m'aider ;
Moins vive que la flamme amoureuse,
Bien que sa tendresse soit la même.
J'admirais les charmes de l'amitié,
Mon âme s'enflamma d'une beauté nouvelle ;
J'ai alors fait un dans le train de l'amitié,
Mais dépourvu d'amour, plains-toi. (15)

Tout le recueil de Monsieur Voltaire vaut la peine d'être lu, mais jette un coup d'œil à ceux-ci et tu en voudras bientôt plus !

Dictionnaire philosophique

Candide

Micromégas

À la reine de Hongrie

Zadig

L'Ingenu

Le Cadenas

Le temple de l'amitié

Au camp devant Philippsburg, le 3 juillet 1734

À propos de la mort d'Adrienne Lecourvreur, une actrice célèbre

Le taureau blanc

Les lettres anglaises

Le philosophe ignorant

La Henriade : Un poème

Essais critiques sur la poésie dramatique

Lettres de M. de Voltaire à ses amis

À une dame très connue de toute la ville

Azolan

De l'amour à l'amitié.

Adieu !
Cathy McGough
Ton intervieweuse des écrivains légendaires de l'au-delà

À PROPOS DE L'AUTEUR :

L'auteure primée à plusieurs reprises, Cathy McGough
vit et écrit en Ontario, au Canada,
avec son mari, son fils, leurs deux chats et leur chien.
Si tu souhaites parler à Cathy, envoie-lui un courriel à
:
cathy@cathymcgough.com.
Elle adore avoir des nouvelles de ses lecteurs.

ÉGALEMENT PAR :

FICTION

L'enfant de tous

Le secret de Ribby

13 histoires courtes (qui comprennent : Le parapluie et le vent; La révélation de Margaret Dandelion Wine (FINALISTE DU PRIX DU LIVRE PRÉFÉRÉ DES LECTEURS))

DÉESSE GRANDE TAILLE : (UNE NOVELETTTE)

NON-FICTION

103 idées de collecte de fonds pour les parents bénévoles auprès des

Schools and Teams (3RD PLACE BEST REFERENCE 2016 METAMORPH PUBLISHING)

+ Livres pour enfants et jeunes adultes

RÉFÉRENCES

INTRODUCTION

.

(1)
The Pilgrim's Progress, The Religious Tract Society, Bouverie St. et 65 St.
Paul's Churchyard, 1913.

CHAPITRE I
(1)
As You Like It, Hodder and Stoughton, sans date.
(2)
Paroles de chansons de Jim Morrison, L.A. Woman, 1971
(3)
Paroles de chansons de Jim Morrison, Waiting for the Sun, 1968.
(4)

Les Fleurs du Mal, The Casanova Society, Londres, 1925.

CHAPITRE II

(1)

Cent un poèmes célèbres, The Cable Company, Chicago, Illinois, 1924.

(2)

Tennyson, Hommes de lettres anglais, Macmillan, 1910.

(3)

Alfred, Lord Tennyson Letters, Toronto : Macmillan Company of Canada, 1929.

(4)

Ibid

(5)

Bibliographies de douze auteurs victoriens, The H.W. Wilson Comp., New York,

1936.

(6)

Tennyson, hommes de lettres anglais, Macmillan, 1910.

(7)

Ibid

(8)

Cent un poèmes célèbres, The Cable Company, Chicago, Illinois, 1924.

(9)

An American Anthology, Houghton, Mifflin and Company, The Riverside Press,
Cambridge, 1900. .
(10)
Poésie et prose britanniques, troisième édition, volume II, Houghton Mifflin Company,
Boston. 1938.
(11)
Paroles de chanson de Bono, All That You Can't Leave Behind, 2000.
(12)
Days With The Poets, Londres, Hodder & Stoughton, Percy Lund, Humphries
& Co. Ltd. Exemplaire non daté.
(13)
Ibid

CHAPITRE III
(1)
An American Anthology, Houghton, Mifflin and Company, The Riverside Press,
Cambridge, 1900.
(2-5)
Edgar Allan Poe, Letters Till Now Unpublished, Lippincott, Philadelphie, 1925.
(6)
Cent un poèmes célèbres, The Cable Company, Chicago, Illinois, 1924.
(7)

Edgar Allan Poe, Letters Till Now Unpublished, Lippincott, Philadelphie, 1925.

(8)

Ibid

(9)

Cent un poèmes célèbres, The Cable Company, Chicago, Illinois, 1924.

(10)

An American Anthology, Houghton, Mifflin and Company, The Riverside Press,

Cambridge, 1900.

(11)

Ibid.

CHAPITRE IV

(1)

Poésie et prose britanniques, troisième édition, volume II, Houghton Mifflin Company,

Boston. 1938.

(2)

Ibid

(3)

Shelley en Angleterre : New Facts and Letters from the Shelley-Whitton Papers,

1917.

(4-6)

Days With The Poets, Londres Hodder & Stoughton, Percy Lund, Humphries &

Co. Ltd. Exemplaire non daté.

(7)

The English Poets In Pictures, Penns In The Rocks Press, William Collins of

Londres, 1941.

(8)

Ibid

(9)

Days With The Poets, Londres, Hodder and Stoughton, Percy Lund, Humphries &

Co. Ltd. Exemplaire non daté.

(10)

Ibid

(11)

Poésie et prose britanniques, troisième édition, volume II, Houghton Mifflin Company,

Boston. 1938.

(12)

Une défense de la poésie, P. B. Shelley, 1840.

(13)

Les lettres de Percy Bysshe Shelley, The Bodley Head, 1929.

(14)

Une anthologie de la poésie mondiale, Cassell and Company Ltd, 1929.

(15)

Ibid

(16)

Essais et lettres de Percy Bysshe Shelley, Rhys, Ernest, sans date.

(17)

Poésie et prose britanniques, troisième édition, volume II, Houghton Mifflin Company,

Boston. 1938.

(18)

Les lettres de Percy Bysshe Shelley, The Bodley Head, 1929.

(19)

Ibid

(20)

Une défense de la poésie, P. B. Shelley, 1840.

(21)

Poésie et prose britanniques, troisième édition, volume II, Houghton Mifflin Company,

Boston. 1938.

CHAPITRE V

(1)

'No Thoroughfare', numéro de Noël de All The Year Round, 3 décembre 1867.

(2)

Préface à l'argent de ma dame, Alan Sutton Publishing Company, 1890.

(3)

Wilkie Collins, juin 1870, préface à "Man and Wife" Peter Fenolon Collier,

Pub. Sans date.

(4-7)

Introduction à "Hide and Seek", Oxford University Press, Londres, sans date.

(8)

Préface à la première édition de la pierre de lune, 1868.

(9)

Ibid

(10-12)

"Sans nom" Harper and Brothers, New York, 1873.

(13)

Little Novels, Chatto and Windus, Piccadilly, Londres, 1887.

(14)

"L'héritage de Caïn", Donohue ; Henneberry & Co, Chicago, édition non datée.

(15)

De la mer à la mer et autres croquis, lettres de voyage, vol. 1, Doubleday, Page

and Co, New York, 1925.

(16)

Little Novels, Chatto and Windus, Piccadilly, Londres, 1887.

CHAPITRE VI

(1)

Memoir of Robert Burns, Frederick Warne and Co, Bedford Street, Strand,

Londres, sans date

(2)

The "Chandos Classics", The Poetical Works of Robert Burns, Frederick Warne and
   Co, Bedford Street, Strand, Londres, édition non datée.
   (3)
   Mémoire de Robert Burns, Frederick Warne and Co, Bedford Street, Strand,
   Londres, daté
   (4-15)
   Les "Chandos Classics", les œuvres poétiques de Robert Burns, Frederick Warne and
   Co, Bedford Street, Strand, Londres, édition non datée.

   CHAPITRE VII
   (1)
   Mark Twain's Letters, Harper, New York, 1917.
   (2)
   Paine, Albert Bigelow. Mark Twain : A Biography (New York : Harper &
   Brothers, 1912).
   (3)
   Following The Equator, American Publishing Co, 1897.
   (4)
   Ibid
   (5)
   Les aventures de Tom Sawyer, Grosset & Dunlap, 1920.

(6)

Les Innocents à l'étranger, H. H. Bancroft & American Pub. Co., San Francisco
et Hartford, 1869

(7)

Letters of Mark Twain, Chatto & Windus, Londres, 1920.

(8)

Pudd'n'head Wilson, Chatto & Windus, 1926.

(9)

Ibid

(10)

Mark Twain a écrit ce texte en 1905, mais il n'a été publié qu'après sa mort.

Il est paru dans Harper's Monthly, en novembre 1916. Le même magazine l'avait déjà rejeté
auparavant.

(11)

Lettre de Twain à D. W. Bowser, 20 mars 1880

(12)

Connecticut Yankee in King Arthur's Court (Le Yankee du Connecticut à la cour du roi Arthur), N.Y. Pocketbooks, 1948.

(13)

Letters of Mark Twain, Chatto & Windus, Londres, 1920.

(14)

La célèbre grenouille sauteuse du comté de Calaveras et autres croquis, C. H. Webb,

1867.

(15)

Lettre à D.W. Bowser, 20 mars 1880.

(16)

Harpers Monthly Magazine, 1909.

CHAPITRE VIII

(1)

Une journée avec Samuel Taylor Coleridge, Hodder and Stoughton, Londres, 1885

(2)

Ibid

(3)

Les Rimes du vieux marin et autres poèmes, Houghton Mifflin and Company,
Boston, 1931.

(4)

Une journée avec Samuel Taylor Coleridge, Hodder et Stoughton, Londres, 1885.

(5)

Ibid

(6)

Ibid

(7)

Samuel Taylor Coleridge, Letters, Conversations and Recollections, Harper &
Bros, 1836.

(8)

Une journée avec Samuel Taylor Coleridge, Hodder et Stoughton, Londres, 1885.

(9)

Charles Lamb & The Lloyds : Newly Discovered Letters Of Lamb, Coleridge, The

Lloyds. Phila : Lippincott, 1899.

(10)

The Rime of the Ancient Mariner and Other Poems, Houghton Mifflin and Company,

Boston, 1931.

(11)

Ibid

(12)

Ibid

(13)

Une journée avec Samuel Taylor Coleridge, Hodder et Stoughton, Londres, 1855.

CHAPITRE IX

(1) Les écrits de Nathaniel Hawthorne.

Boston et New York : Houghton, Mifflin and Company, 1900

(2)

The Scarlet Letter Preface, Ticknor, Reed and Fields, Boston : 1850.

(3-8)

Famous American Authors, Vail-Ballou Press, Inc, Binghamton, New York, 1933.

(9)

Biographies vivantes de grands romanciers, Garden City Publishing Co, Inc. 1943.

(10)

Ibid

(11)

Biographies vivantes de grands romanciers, Garden City Publishing Co, Inc. 1943

(12)

Ibid

(13)

Famous American Authors, Vail-Ballou Press, Inc, Binghamton, New York, 1933

(14)

Ibid

(15-19)

Préface de La lettre écarlate, Ticknor, Reed and Fields, Boston : 1850.

(20-22)

English Notebooks, Cambridge : Houghton, Mifflin and Company, 1889.

(23-26)

Préface de The Blithedale Romance, E.P. Dutton & Co, 1925.

(27)

Passages tirés des carnets anglais de Nathaniel Hawthorne (1870).

(28)

Ibid

(29)

La Lettre écarlate, Ticknor, Reed and Fields, Boston : 1850

(30)

The Writings of Nathaniel Hawthorne (Les écrits de Nathaniel Hawthorne). Boston et New York : Houghton, Mifflin and

Company, 1900

CHAPITRE X

(1)

Stephen Leacock, Hellements of Hickonomics in Hiccoughs of Verse Done in our

Social Planning Mill (New York : Dodd, Mead, 1936

(2)

"Enseigner à l'école" Le garçon que j'ai laissé derrière moi, Doubleday, 1946.

(3)

Ibid

(4)

Ibid

(5)

Stephen Leacock, Hellements of Hickonomics in Hiccoughs of Verse Done in our

Social Planning Mill (New York : Dodd, Mead, 1936

(6)

Ma carrière financière. Lapses littéraires : A Book of Sketches. Montréal : Gazette

Printing Co., 1910.

(7-14)

"Enseigner à l'école" Le garçon que j'ai laissé derrière moi, Doubleday, 1946.
(15-17)
Ma découverte de l'Angleterre : Dodd, Mead & Co. 1922.Ibid

CHAPITRE XI
(1)
It Can Be Done, Poems of Inspiration, The Ryerson Press, Toronto, 1926.
(2-5)
Something of Myself (For My Friends Known and Unknown), Doubleday, Doran &
Co. Inc, 1937.
(6)
Notes américaines, Henry Altemus, Philadelphie, 1899.
(7)
Ibid
(8)
Rudyard Kipling's Verse, Hodder and Stoughton, Londres, 1928.
(9)
A Diversity of Creatures, Letters of Travel 1892-1913, Doubleday, Page and Co,
New York, 1925.
(10-12)
A Book of Words, discours prononcé lors du dîner de la Royal Academy, mai 1906.

(13)

Something of Myself (For My Friends Known and Unknown), Doubleday, Doran &

Co. Inc, 1937

(14)

Ibid

(15)

From Sea to Sea and Other Sketches, Letters of Travel, Vol. 1, Doubleday, Page

and Co, New York, 1925.

CHAPITRE XII

(1)

David Copperfield, Illustrated Collins School Classics, sans date.

(2)

Ibid

(3)

Un conte de deux villes, New York : The MacMillan Company, 1921.

(4)

Les lettres inédites de Charles Dickens, Halton & Truscott Smith,

Londres, 1927.

(5)

Les lettres de Charles Dickens, Chapman and Hall, Londres, 1880-82.

(6)

La vie de Charles Dickens, T. B. Peterson & Brothers, Philadelphie, 1870.

(7-9)

Oliver Twist, F. M. Lupton, New York, 1895.

10)

David Copperfield, Collins School Classics illustré, sans date.

(11)

Ibid

(12)

Un conte de deux villes, New York : The MacMillan Company, 1921.

(13-15)

American Notes for General Circulation, Chapman & Hall, Londres, 1910.

(16)

Lettres et discours de Charles Dickens, Chapman & Hall, Londres, 1929.

(17)

Heart Throbs in Prose and Verse, Chappel Publishing Co. Ltd, 1905

(18)

Lettres et discours de Charles Dickens, Chapman & Hall, Londres, 1929.

CHAPITRE XIII

(1)

Lettres et réminiscences de Dostoïevski, S. S. Koteliansky et J. Middleton Murry traducteurs. Londres, Chatto et Windus, 1923.

(2)

Ibid

(3)

Notes from Underground, The Short Novels of Dostoevsky, Dial Press, 1945.

(4)

Nouvelles lettres de Dostoïevski, The Mandrake Press, Londres, édition non datée.

(5-8)

Dostoïevski : A New Biography, Houghton Mifflin and Co, 1931.

(9)

L'insulté et l'humilié avant-propos, Éditions de Moscou, Moscou, 1957.

(10)

Dostoïevski : Letters and Reminiscences, Chatto and Windus, 1923.

(11)

The Possessed : The Heritage Press, New York, 1936.

(12)

Notes from Underground, The Short Novels of Dostoevsky, Dial Press, 1945.

(13)

Lettres et réminiscences, Alfred A. Knopf, New York, 1923.

(14)

Fiodor Dostoïevski. Harrison de Paris, 1931.

(15)

New Dostoevsky Letters, The Mandrake Press, Londres, édition non datée.

(16)

Fyodor Dostoevsky, SCM Press, Londres, 1948.

(17)

Nouvelles lettres de Dostoïevski, The Mandrake Press, Londres, édition non datée.

(18)

Dostoïevski : A New Biography, Houghton Mifflin and Co, 1931

(19)

Discours de Dostoïevski prononcé à la Société des amis de la littérature russe, août

1880. Enregistré dans le Journal d'un écrivain.

(20)

Le doux, le mari éternel et autres histoires, Macmillan, New York, 1923.

CHAPITRE XIV

(1)

John Keats the Complete Poetical Works and Letters, Houghton Mifflin, Boston,

1899.

(2-4)

John Keats, sa vie et sa poésie, Macmillan and Co. Ltd, 1917

(5)

Lettres de John Keats, Macmillan and Company, Londres, 1891.

(6)

John Keats the Complete Poetical Works and Letters, Houghton Mifflin, Boston,
   1899.

(7-8)

Vie, lettres et vestiges littéraires de John Keats, Edward Moxton, Londres, 1848.

(9)

John Keats, sa vie et sa poésie, Macmillan and Co. Ltd, 1917

(10)

Lettres de John Keats, 1817

(11)

John Keats, sa vie et sa poésie, Macmillan and Co. Ltd, 1917

(12)

John Keats the Complete Poetical Works and Letters, Houghton Mifflin, Boston,
   1899

(13)

Ibid

(14)

John Keats, sa vie et sa poésie, Macmillan and Co. Ltd, 1917

(15)

John Keats the Complete Poetical Works and Letters, Houghton Mifflin, Boston,
   1899.

(16)

John Keats the Letters and Papers, Bodley Head, 1914.

(17)

John Keats His Life and Poetry, Macmillan and Co. Ltd, 1917

(18)

Selections in English Literature, The Copp Clark and Co. Ltd, 1929.

(19)

Vie, lettres et vestiges littéraires de John Keats, Edward Moxton, Londres, 1848.

(20)

John Keats the Complete Poetical Works and Letters, Houghton Mifflin, Boston,

1899.

(21)

Ibid

CHAPITRE XV

(1)

Emprunts, Dodge Publishing Company, New York, 1899.

(2)

Poets' Homes, D. Lothrop Company, Boston, 1879.

(3)

Préface à Evangeline, Thomas Y Crowell and Co, New York et Boston, 1899.

(4-6)

Through the Year With Longfellow, De Wolfe, Fiske and Co, Boston, 1900.
(7)
Poets' Homes, D. Lothrop Company, Boston, 1879.
(8)
Longfellow Day By Day, Crowell, New York, 1906.
(9)
Ibid
(10)
An American Anthology, Houghton, Mifflin
et
Company, The Riverside Press, Cambridge, 1900.
(11)
Heart Throbs in Prose and Verse, Chapple Publishing Company Ltd, Boston,
Mass, 1905.
(12)
Longfellow Day By Day, Crowell, New York, 1906.
(13)
Poets' Homes, D. Lothrop Company, Boston, 1879.
(14)
Borrowings, Dodge Publishing Company, N.Y., 1889
(15)
Poets' Homes, D. Lothrop Company, Boston, 1879.

CHAPITRE XVI
(1)
A. B. "Banjo" Paterson, A Book of Verse, Angus and Robertson, Australie, 1990.

(2-4)

Happy Dispatches par A. B. Banjo Paterson, Lansdowne Press, 1934.

(5)

Reminiscences, Sydney Morning Herald, février/mars 1939.

(6)

Ibid

(7)

Introduction au livre Penguin des ballades australiennes.

(8)

The complete Poetry of A. B. "Banjo" Paterson, Harper Collins Publishers,

Australie, 1997.

(9)

Looking Backward, Sydney Morning Herald, 1941

(10-12)

La magie des vers, Angus and Robertson Ltd, 1970

CHAPITRE XVII

(1)

Henry David Thoreau, poèmes inédits, Bibliophile Society, Boston, 1907

(2-5)

Walden, Ticknor & Fields, Boston, 1854

(6)

Henry David Thoreau, Poèmes inédits, Société bibliophile, Boston, 1907.

(7-10)

Walden, Ticknor & Fields, Boston, 1854

(11-14)

Sur le devoir de désobéissance civile, 2e partie.

(15)

Walden, Ticknor & Fields, Boston, 1854.

(16)

Ibid

(17)

An Anthology of World Poetry, Cassell and Company Ltd, 1929.

(18)

Walden, Ticknor & Fields, Boston, 1854

(18)

Ibid

CHAPITRE XVIII

(1)

Lettres et journaux de Lord Byron, John Murray, Londres, 1833.

(2)

Les lettres de George Gordon Byron, lettre à William Bankes, Southwell March

6, 1807.

(3)

Selections in English Literature, The Copp Clark and Co. Ltd, 1929.

(4)

Entrée du journal de Lord Byron, 14 novembre 1813.

(5)

Lettre de Byron à John Murray, Riavennia, 30 juillet 1821.

(6)

Lettre de Byron à Thomas Moore, Pise, 4 mars 1822.

(7)

Lettres et journaux de Lord Byron, John Murray, Londres, 1833

(8)

Journal de Lord Byron, entrée le 17 novembre 1813.

(9)

Poésie de Byron, Macmillan, Londres, 1881.

(10)

Lord Byron's Select Works, Charles Daly, Londres, 1836.

(11)

Introduction à Childe Harold, Londres : Macmillan, 1904

(12)

Ibid

(13)

A Day With Byron, Hodder and Stoughton Ltd, sans date.

(14)

Journal de Lord Byron, 14 novembre 1813.

(15)

Poetry of Byron, Macmillan, Londres, 1881.

(16)

Journal de Lord Byron, 14 novembre 1813.

(17)

Journal de Lord Byron, entrée le 17 novembre 1813.

(18)

Lettre de Lord Byron à James Hogg, Albany, 24 mars 1814.

(19)

Journal de Lord Byron, entrée le 15 octobre 1821.

(20-22)

Lettres et journaux de Lord Byron, John Murray, Londres, 1833.

(23)

Childe Harold, Londres : Macmillan, 1904

(24-26)

Childe Harold Introduction, Londres : Macmillan, 1904

(27)

Entrée du journal de Lord Byron, 17 mars 1814

(28)

Une journée avec Byron, Hodder et Stoughton Ltd, sans date.

(29)

Ibid

(30)

Lord Byron's Select Works, Charles Daly, Londres, 1836.

CHAPITRE XIX

(1-8)

Les Fleurs du Mal, The Casanova Society, Londres, 1925.

CHAPITRE XXI

(1)

Le meilleur des mondes possibles : romances et contes de Voltaire, Vanguard Press

New York 1929

(2)

La tolérance et autres essais de Voltaire. Traduit, avec une introduction, par

Joseph McCabe (New York : G.P. Putnam's Sons, 1912).

(3)

Le meilleur des mondes possibles : romances et contes de Voltaire, Vanguard Press

New York 1929

(4)

Ibid

(5)

Darrow, Clarence S. Voltaire. A Lecture, [Girard, Kansas : Haldeman-Julius.

1925.

(6)

Voltaire Les écrits de Voltaire NY : Wm.H. Wise, 1931

(7)

Le meilleur des mondes possibles : romances et contes de Voltaire, Vanguard Press

New York 1929

(8)

Darrow, Clarence S. Voltaire. A Lecture. [No.829 dans la série 'Little Blue Book'] Girard, Kansas. Girard, Kansas... : Haldeman-Julius. 1925.

(9)

Lettres concernant la nation anglaise. Westminster Press Londres 1926

(10)

Darrow, Clarence S. Voltaire. A Lecture, Girard, Kansas : Haldeman-Julius. 1925.

(11)

Ibid

(12-14)

Darrow, Clarence S. Voltaire. A Lecture, Girard, Kansas : Haldeman-Julius. 1925.

(15)

Œuvres choisies de Voltaire, Watts and Co 1935.